日本の教育格差

橘木俊詔
Toshiaki Tachibanaki

岩波新書
1258

はしがき

人がどの程度の教育を受けたかは、その人のその後の人生にかなりの影響を与える。質の高い教育を受けた人は良い職業に就き、高い所得を得る可能性が高まる。逆に、まともに教育を受けられなかった人は、そうならない可能性が高まる。このように教育の機会の格差は、人生における結果の格差につながる問題である。本書は、こうした教育に関する格差の実態や要因、それがもたらす問題を検証するものである。

教育格差について考える場合、まず注目されるのは、学歴による格差であろう。本書では、学歴の格差を次の三つの性質から分析する。すなわち、①中卒、高卒、短大卒、大卒といった卒業学校段階の差、②最終学校の名門度に注目した、名門校と非名門校の差、③最終学校で学んだ専攻科目による差(例えば大学であれば法学部、工学部、医学部などの違い)である。これら学歴に関する三つの差が、その人の人生の結果にどのような影響を与えるのか、データを用いて検証する。それによって、日本が学歴社会なのか、学歴社会だとすると、その内実はどのようなものなのかが明らかになるであろう。

と同時に、そのような学歴の差が現れるのはなぜか、ということにも注目する必要がある。具体的にいえば、親の学歴や職業、所得が子どもの教育にどの程度影響を与えているのか、あるいは、本人の能力や学力、意欲は学歴の獲得にどの程度貢献しているのか、といった問題である。このことは、教育の機会平等という原則が、日本においてどれだけ達成されているかを考えるために重要な議論である。それらを過去と現在の比較において検証することになる。

教育についての問題は、当然ながら教育学の専門家によって語られることが多い。しかし、私の専攻は経済学であり、本書では主に教育と経済の関係に注意を払って議論を展開する。人が教育を受けた後、どのような職業に就き、どれほどの所得を稼ぐかは、優れて経済学の論点である。しかも、教育には費用がかかるという点でも、経済学の視点から教育を論じることは意味があると考える。近年注目される公立校と私立校の差なども同様に、経済学の視点から分析することは可能である。

もちろん、教育の問題を経済学の視点だけで分析することはできない。そこで、教育学や社会学、哲学・倫理思想などの視点から教育の問題がどのように語られてきたのかについて、できるだけ私なりに吸収し、吟味して議論を展開していくつもりである。

戦後の日本の教育は、すべての子どもに教育の機会を提供し、充実させることを目指して再スタートした。そうした教育システムは、様々な問題が指摘されながらも、公平さという点では、ある程度、うまく機能していた。しかし、今日では、学力低下や学力格差など、様々な問題が指摘されている。なかでも、低所得層の増大などで教育の機会平等が危うくなっていること、また、学校を卒業しても就労できない若年層が増えるなど、教育と就労の連携がうまくいっていないことは深刻な問題である。本書が、教育の機会の格差および結果の格差の双方に注目する理由でもある。

教育のありようは、その国のゆくえを左右するほどの大きな課題である。したがって、現に教育を受けている子どもやその親、あるいは直接、教育に携わっている教師や教育関係者のみならず、日本社会全体が関心をもっているテーマである。教育をどうするかを考える際に、本書が参考になれば、著者としては望外の幸せである。

岩波書店の田中宏幸氏はいつもながらの手際よい編集で、本書を完成させてくれた。心からお礼を申し上げたい。本書に含まれているかもしれない誤りや、著者独自の思想・主張に関する責任は、すべて著者本人にあることは言うまでもない。

二〇一〇年六月

橘木俊詔

目次

第1章　学歴社会の実相——「三極化」の進行

教育格差を問題にする場合、学歴社会をどうみるかについて、まず論じる必要がある。生まれ育った環境によって受けられる教育が違ってくるということ、例えば、親の経済的な状況によって受けられる教育の質、水準に差が生じるということを問題にする場合、受けた教育(すなわち学歴)によって、将来における社会での処遇に大きな差が生じることが前提となる。

したがって、日本は本当に学歴社会なのか、あるいは、学歴の影響はどの程度なのか、といったことをまずは検証する必要がある。日本は学歴社会であるという主張は、かなり以前からなされており、そのような認識をしている人も少なくない。だからこそ、東京大学をはじめ、より上の大学を目指そうという動きもみられるのであろう。

本章では、日本における学歴の影響、学歴社会といわれるものの中身といった基本的なことについて、データを使いながら分析することからはじめてみよう。

1　日本は学歴社会なのか

学歴社会の基本的特質とは、卒業した学校によって、その人の人生経路が変わるということだと考えられる。例えば、どのような学校を卒業したかによって、社会での処遇や、その人に対する他人の印象、態度などに差が生じることを指す。

学歴社会について論じる際、まず学歴に関して、次の三つの異なった性質のあることを認識する必要がある。

①どの段階で学校教育を終えて卒業となったか。すなわち、中卒、高卒、短大卒、大卒、大学院卒、あるいは専門学校卒など、卒業学校段階による差に注目したものである。

②卒業学校段階を同一としたとき、どのような学校を卒業したか。すなわち名門校か、非名門校かといった学校の質やブランド度の差に注目したものである。これに関しては、最終学歴である大学・大学院の差に最も関心が集まることだろう。ただし、名門大学に進学するにはどこの高校が有利かといった観点などから、高校・中学校の差にも関心がもたれる。

③最終学歴の学校で、どのような科目を学んだか。大学であれば、法学部、工学部、医学部などの学部の違い、高校であれば普通科、商業科、工業科などの専攻の違いである。この点は、学校を卒業してからどのような職業に就くかに関係することになる。

学歴社会においては、これら三種類の学歴に関する性質が、人の社会・経済活動に大きく影響を与えるということになる。より具体的にいえば、どのような仕事に就くことができるか、どのような企業や官公庁に入社・入庁できるか、組織内での昇進はどうか、どれだけの賃金・所得を稼得するかといったことである。本書ではこれらの話題に注目して、学歴の意味するところを議論する。

いま述べた話題は、主として学歴が人の労働生活に与える効果といえる。それ以外にも、教育の効果は、人の精神的なあり方や生き方、あるいは、どのような人と結婚するか、子どもの教育をどうするかといった、人生において広い範囲で影響を及ぼすこともある。こうした点などについても考える必要がある。

さらに、学歴社会について論じる際には、次のようなことにも注目する必要がある。すなわち、ここまで述べたのは、教育を受けたことが及ぼす影響であるが、それとは逆の方向の影響について関心を払うことも重要である。つまり、子どもを取り巻く環境や、子ども自身の能力によって、どのような教育を受けられるかが規定されるという影響である。

例えば、子どもがどのような家庭に育ったのか、どのような能力をもっているのか、将来に対する意欲をどの程度もっているのか。そうしたことが、どのような教育を受けるかという選択にどう影響しているか。こうした問題についても、本書では議論していくことになる。

卒業学校段階の格差

まずは卒業学校段階の違いによる効果に注目してみよう。最もわかりやすい指標は、卒業学校段階の差が、企業などで得る賃金の差にどのような影響を与えているかということである。人は高い学歴(例えば大卒)を獲得すると、少なくとも中卒や高卒の人よりも高い賃金を稼得するだろうと予想する。これがはたして事実なのかを確認しておこう。図1-1は日本を含めた諸外国において、学歴の違いがどれだけ賃金格差を生んでいるかを示したものである。

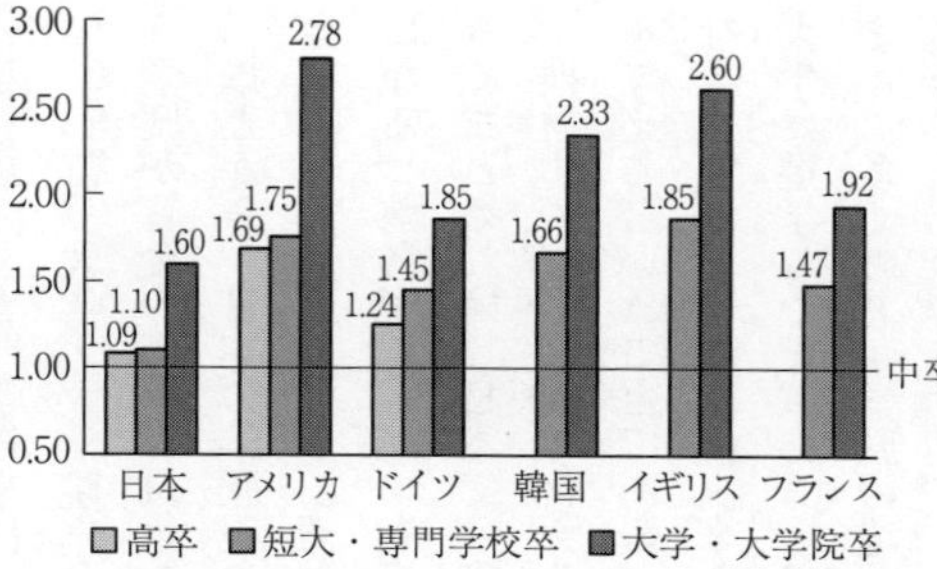

出所：日本以外のデータは，OECD, *Education at a Glance 2006* より得ている．
日本のデータは厚生労働省「賃金構造基本統計調査」(2006年版)より得ている．
(注) 中卒賃金を1として基準化している

図1-1　学歴間賃金格差の国際比較

まず日本に注目してみよう。中卒の賃金を一・〇〇としたとき、高卒は一・〇九、短大・専門学校卒は一・一〇、大学・大学院卒は一・六〇となる。つまり、学歴が高い人ほど高い賃金を得ていることがわかる。いま述べた予想、すなわち学歴が高くなれば賃金も高くなるということは命題として成立していそうである。

もう少し細かく数字を検討してみると、中卒と高卒の差はわずか〇・〇九ポイントにすぎないし、短大・専門学校卒については高卒よりもほんのわずかの〇・〇一ポイント高いにすぎない。一方、大学・大学院卒は中卒より〇・六〇ポイントも高い。よって、これら大卒以上という学歴が賃金の高さに貢献している度合いはかなり高いといえる。

以上から、日本の学歴差による賃金格差は、中・高・短大卒を一つのグループにした「低賃金稼得者」、大学・大学院卒をもう一つのグループとした「高賃金稼得者」に二分されることになる。前者グループの大半は高卒で占められ、後者グループの大半は大卒で占められる。大きくまとめれば、日本では高卒と大卒との間で賃金格差が目立っているということができる。

換言すれば、高校で終えるか、大学へ進学するかの違いは、その人の賃金の額に大きな影響を与えるということである。さらに踏み込んでいえば、賃金・所得からみたときに日本の学歴社会を象徴するのは、高卒と大卒の差である。したがって、日本では多くの子どもができれば大学に進学したい、あるいは、多くの親が子どもを大学へ進学させたいと希望するのであろう。また、多くの者が学歴の違いなどについて関心をもって話題にするのもそうした背景があるからだろうと考えられる。

では次に、国際比較に目を向けた場合にどのようなことがわかるだろうか。学歴による賃金格差を国際比較した図1-1には、驚くべきことが示されている。すなわち、日本は、他国(アメリカ、ドイツ、韓国、イギリス、フランス)と比較すると、学歴間の賃金格差が最も小さいのである。図で比較されているのは欧米先進国、および日本と同じアジアに位置する韓国であり、日本が比較する際に最も関心が向けられる国々といえる。

大学・大学院卒に注目すると、日本が一・六〇であるのに対して、アメリカが二・七八、ドイツが一・八五、韓国が二・三三、イギリスが二・六〇、フランスが一・九二となっている。他の諸国は、日本よりもかなり学歴による賃金格差が大きいのである。国による差に関しては、イギリス、アメリカというアングロ・アメリカン諸国が最もその差が大きく、次いで韓国となる。ドイツ、フランスという大陸ヨーロッパ諸国がそれらの国よりも小さくなっている。アングロ・アメリカン諸国や韓国では、高い教育を受けたことの経済的なベネフィットは大きく、大陸ヨーロッパ諸国と日本は比較的それが小さい。そして、日本はそのなかで最も差が小さい。

学歴間賃金格差は、大卒以外の高卒、短大・専門学校卒に関しても、日本が最も小さいことがわかる。以上から日本の学歴間賃金格差は、こうした先進諸国と比較してもかなり小さいと結論づけられるのである。

このように賃金格差に注目した場合、国際比較においては、日本は学歴による差が小さく、むしろ平等度の高い国家といえる。にもかかわらず、日本では、多くの人が日本を学歴社会であると考えている。なぜこうした矛盾が起きるのか、それについて検討してみよう。

昇進と学歴

この矛盾を解く一つの鍵は、企業や官公庁における職位の昇進である。そのことを吟味すれば、なぜこのような矛盾が起きるのか理解できる。高卒と大卒との間で、課長や部長、あるいは役員や社長への昇進に差があるかどうかがここでの関心である。学歴が高くなるにつれて、上の職位への昇進確率が高くなるのかということに注目する。

図1-2a・bは日本企業(従業員一〇〇人以上)における、課長や部長への昇進確率を学歴別に示したものである。今日、日本の企業では、かつてのように「課長」や「部長」という呼び方をせず、「グループ・リーダー」「ディレクター」「ヘッド」などと呼んでいる場合も多いが、ここでは「課長」「部長」という呼称を用いる。当然のことながら、この統計では、それぞれの部や課に属する人数をほぼ共通になるよう調整しているので、ここでの部長や課長への昇進の比較は正確である。

男性の課長に関しては、高卒の昇進確率は五・九一%であり、大学・大学院卒の一一・三六%の約半分となっている。部長に関しては、高卒は大学・大学院卒の約三分の一である。したがって、課長への昇進に関して大学・大学院卒は高卒よりも有利であることがわかるし、部長への昇進ではさらに有利であるといえる。なお短大・高専卒は高卒と大学・大学院卒の間にあるが、どちらかといえば高卒の確率に近いので、大学・大学院卒にあっては一段の有利さがあるといってよい。

なお、この図では女性の昇進確率も同時に示している。女性の昇進確率をみると、男性と比較して大幅に低く、女性が著しく昇進の道から排除されていることがわかる。その背景には、女性に対する差別が依然として存在していること、女性のなかでも企業によっては総合職・一般職という身分上の差があること、また女性には中途で退職する人も多いことなど様々な事情

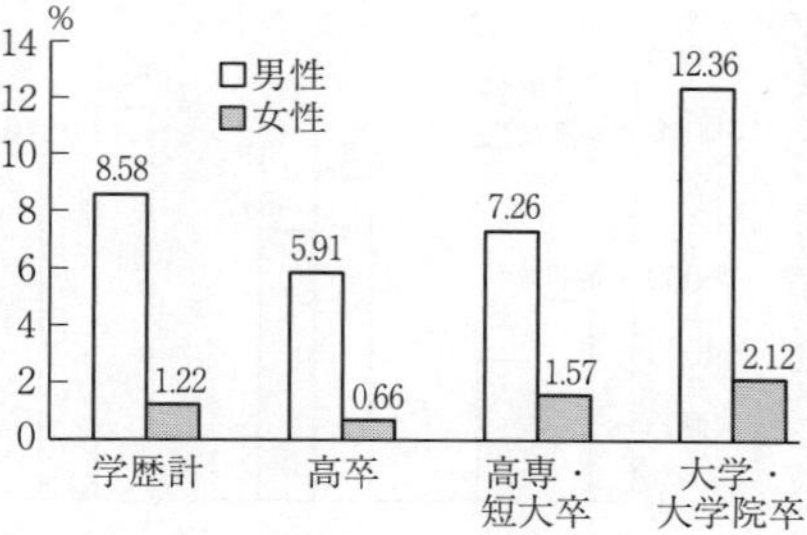

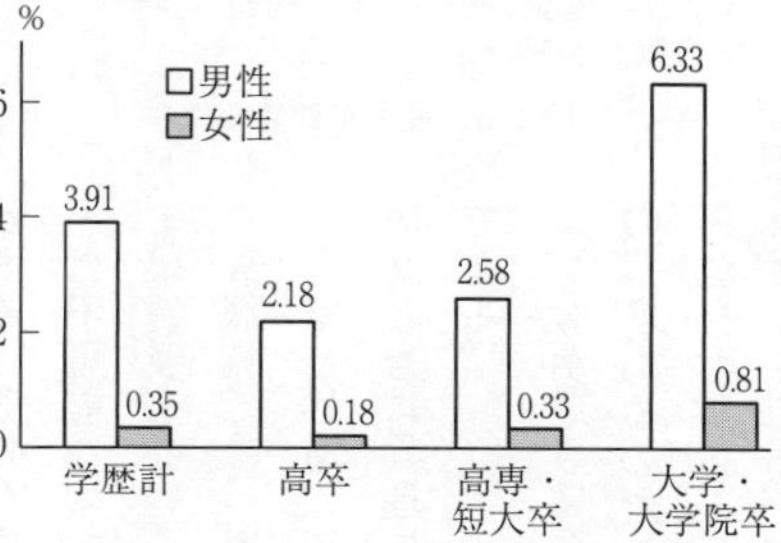

出所：厚生労働省「賃金構造基本統計調査」（2006 年版）
（注）いずれの図も学歴計は従業員 100 人以上の企業の合計

図 1-2a（上）　男女別学歴別課長級労働者比率
図 1-2b（下）　男女別学歴別部長級労働者比率

がある。そのため、昇進について男性と同次元で語ることは不可能なので、ここではこれ以上女性の昇進については言及しないことにする。もっとも、課長・部長という管理職では、男性と同様に女性の場合でも、学歴の高い人ほど昇進の確率が高いことがわかる。日本企業では、男女ともに昇進に関しては学歴の影響力がかなり強いのである。

では昇進する人と昇進しない人の間で、賃金格差はどの程度あるのだろうか。それについて考えるには図1-3が有用である。非役職の社員（俗に「平社員」）と課長、部長との間の賃金格差を示したものである。非役職と課長の賃金格差は、年収換算において男性で約三一〇万円、女性で約三四〇万円となっており、かなり大きな年収の差があることがわかる。しかも部長まで昇進すると非役職との年収格差は、男性で約五〇〇万円、女性で約五四〇万円と大きくなる。非役職と課長の格差が、課長と部長の格差より大きいので、課長への昇進メリットのほうが大きいということになる。

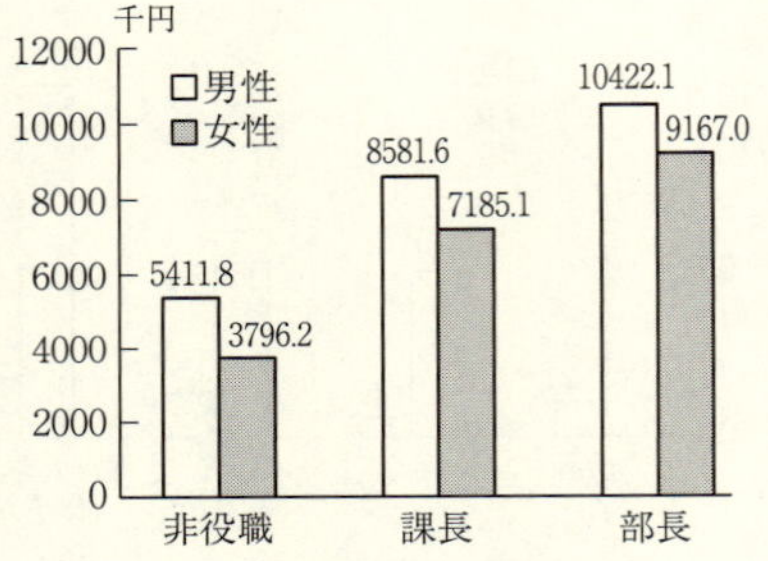

出所：厚生労働省「賃金構造基本統計調査」(2006 年版)

図 1-3　役職年間賃金格差

ここまで確認してきたように、企業で管理職に昇進すると賃金が大幅に上昇し、かつ学歴が高いほど昇進確率が高くなる。この検証結果だけでは、図1-1でみたように、日本での学歴による賃金格差が他の先進緒国と比してかなり小さいということの矛盾を解くことはできない。もっとわかりやすくいえば、大卒の人が管理職へ昇進する確率が高く、しかも管理職に昇進している人がかなり高い賃金を稼得しているなら、学歴間の賃金格差は大きいと予想される。にもかかわらず、なぜ実際には他国と比してそれほど大きくないのか。こうした矛盾が依然として残ることになる。

この矛盾を解くには、次のように考えればよい。仮に大卒の全員が課長・部長に昇進していれば、ここで述べたように学歴間の賃金格差はかなり大きく現れるであろう。しかし実際には、たとえ大卒という高学歴の人でも昇進しない場合や、昇進するにしてもその速度の遅い場合なども相当多いのである。一部の昇進した大卒の人は確かに高い賃金を得ているが、あくまでもそうした人の数は限られている。多くの人は昇進しないか、昇進したとしても係長までなどといった場合も多いのである。そのため、大卒全員を標本とした平均賃金はそう高くならないと説明できる。

以上の結果をまとめると、企業において課長・部長という管理職に昇進することに関しては、学歴の高い大学・大学院卒が高卒よりもだいぶ有利である。そして昇進した人はかなり高い賃金を得ている。しかし、高学歴の人がすべて昇進するわけではなく、仮に大卒であっても地位の低いところで働く者もたくさんおり、それらの人の賃金は昇進していないので高くない。昇進した大卒者と昇進していない大卒者の全員を平均すると、賃金はそう高くならないのである。そのため、日本では学歴間の賃金格差は、全体としては大きくないということになる。

社長・役員と学歴

ここまでは企業における課長・部長という中間管理職に注目したが、企業経営者である社長や役員についても注目してみよう。経営者になる道は、企業内で昇進する場合が当然多い。しかし、取引先の銀行をはじめ他社から派遣されたり、スカウトされたりして就任する場合もある。したがって、ここでは「経営者への昇進」という言い方をせずに、「経営者になる」とする。経営者になる際に、学歴はどのような影響を及ぼすのだろうか。より具体的には、どこの大学を卒業すると経営者になりやすいのかという論点である。

ここでは上場企業での役員に注目する。日本では非上場企業や株式会社でない企業まで含めると、その数はおよそ三〇〇万社にのぼり、それらの経営者の学歴をすべて調査することは不可能であろう。そこで経営者のデータを得やすい上場企業に限定して、学歴の効果を調べてみよう。上場企業には、高卒や短大・高専卒の経営者の数はそう多くないので、大卒だけに限定して卒業大学名に注目してみよう。本書の冒頭で学歴を語る時は三つの性質があるとしたが、ここではそのうちの②の学校名に注目した差といってよい。

表1-1a・bは、上場企業における社長と役員の輩出率ベスト15の大学を示したものである。輩出率の計算は、上場企業に最近その大学から入社した人数を分母にし、分子にその大学出身の社長ないし役員の数をもってきて、指数化したものである。日本では卒業生や在学生の数が大学によって大きく異なるので、社長や役員になった人の絶対数で評価するのは、確かに一つの指標となるが、それほど公平ではない(ちなみに、表1-1の出典である『プレジデント』誌では絶対数での比較も行っているが、大規模校ほど卒業生の数が多いので、上位にランクされている)。したがって、ここでは社長や役員の輩出という実力をより公平に分析できるように、輩出率に注目する。

まず、この表でわかることは、俗にいう「ブランド大学」が名を連ねていることである。いわゆる東京大学、京都大学、九州大学、名古屋大学のような旧帝国大学や一橋大学や早慶(早稲田大学、慶應義塾大学)のような名門大学である。また国立、私立、公立大学と広範囲にわたっていることも、もう一つの特色である。特にトップ4に注目すれば、京大、一橋大、慶大、東大という超名門大学が社長のみならず、役員についても輩出率が非常に高い。よって、上場企業の経営者になるには、普通の大学を卒業するよりも名門大学やブランド大学を卒業することが有利ということになる。こうした事実は、日本が学歴社会であると多くの人が考える一つ

表1-1a 「社長輩出率」大学ベスト15

	大学名	指数
1	京都大学*	0.074
2	一橋大学*	0.065
3	慶應義塾大学	0.063
4	東京大学*	0.049
5	神戸大学*	0.026
6	早稲田大学	0.020
7	横浜国立大学*	0.020
8	名古屋大学*	0.018
9	中央大学	0.017
10	成蹊大学	0.017
11	甲南大学	0.017
12	学習院大学	0.017
13	大阪市立大学*	0.016
14	東京海洋大学*	0.015
15	金沢大学*	0.015

表1-1b 「役員輩出率」大学ベスト15

	大学名	指数
1	京都大学*	0.550
2	一橋大学*	0.450
3	慶應義塾大学	0.286
4	東京大学*	0.281
5	名古屋大学*	0.266
6	神戸大学*	0.165
7	早稲田大学	0.144
8	名古屋工業大学*	0.136
9	中央大学	0.131
10	大阪市立大学*	0.123
11	横浜国立大学*	0.109
12	金沢大学*	0.103
13	小樽商科大学*	0.102
14	明治大学	0.095
15	九州大学*	0.086

出所：『プレジデント』2009年10月19日号
（注）＊は国公立大学を示す

の有力な根拠になっているといえるだろう。

「ブランド大学」卒業と経営者

ここで東京大学に注目してみよう。まず過去のデータを検討してみれば、表1-2と表1-3で示されるように、東大は大企業において経営者を輩出する学校として、最も高い地位を占めていたことがわかる。

表1-2は、表1-1の輩出率とは異なるが、経営者のうちどれだけの人が東大卒であるかを示した数値である。この表で、戦前（一九三六年）、そして高度成長期（一九六二年）において、大企業の経営者を東大卒がど

のくらい占拠していたかをみると、三〇％弱だったことがわかる。この数値は他の大学を圧倒している。

表1-3は、経営者(重役)のみならず部長・課長までを含んだものである。占拠率についてはは表1-2と類似した計算方法で算出したものであり、輩出率については表1-1と同じ方法である。ただし輩出率の算出にあたっては、分母を卒業生全体(それぞれの役職の者が多く卒業した年度)としたものと、民間企業に就職した人とするものが示されている。後者のほうが前者よりも正確さにおいて高いことはいうまでもない。この表によると、輩出率で評価すれば、ビジネスの世界では、東大卒よりも一橋大卒のほうが出世・昇進していたことがわかる。もっとも、東大は一橋大に次いで第二位となっており、やはりかなり高い位置を占めていたことになる。

ところが、再び表1-1をみてみると、現代では東大卒は社長・役員ともに第四位にまで落ちてい

表1-2　最高経営層の出身校

	1900年	1936年	1962年
官大	%	%	%
東大	1.7	27.4	28.1
京大	—	6.4	8.9
一橋大	0.2	10.6	9.4
東工大	—	1.6	2.2
その他	—	0.2	5.4
私大			
慶大	1.9	9.4	7.3
早大	—	2.8	4.7
その他	—	2.8	3.3
外国大	0.2	2.8	1.0
専門学校			
高商	—	4.6	10.3
高工	—	0.2	4.7
その他	0.4	3.4	3.8
その他	95.6	27.8	10.9

出所：青沼吉松『日本の経営層——その出身と性格』日本経済新聞社，1965年

る。ビジネスの世界では、東大は他の大学との比較ではまだ高い地位にあるが、絶対的な優位を保てなくなっているといえる。過去との比較において、このことを「凋落」というと、東大関係者から反感を買うであろうか。

表1-1をさらに詳細にみてみると、慶大の活躍ぶりが目立っていることもわかる。京大はノーベル賞受賞者を輩出するなど、どちらかといえば学問の大学というイメージが強いが、ビジネスの世界でも成功していることがうかがえる。ただし、ここではこれ以上個別の大学に関する評価をせず、参考までに慶大と東大について簡単に触れておこう(関心のある読者は、慶大卒業生の経済界

輩出率

経営者輩出率(A/B)					
卒業生に対する			民間企業就職者に対する		
重役(a/d)	部長(b/e)	課長(c/f)	重役(a/g)	部長(b/g)	課長(c/g)
3.8	4.5	3.6	4.0	3.3	2.2
5.6	5.8	5.3	8.9	5.3	4.4
2.3	2.7	2.7	2.1	2.2	1.7
2.4	3.0	3.5	2.0	1.8	2.1
1.2	1.7	2.3	1.0	1.1	1.5
1.4	3.4	3.0	2.5	2.7	2.1
0.9	1.6	1.7	0.8	1.8	1.7
0.3	0.5	1.1	0.3	0.5	1.0
2.6	2.9	2.7	2.7	2.6	2.0
0.9	1.1	1.7	0.8	0.9	1.3
1.5	1.6	2.2	0.7	0.6	0.7
0.6	1.0	0.7	0.5	0.6	0.6
0.1	0.1	0.1	0.2	0.2	0.2

1965年

表1-3　経営者

	経営者占拠率(1964年)(A)			卒業生占拠率(B)			
	重役(a)	部長(b)	課長(c)	1928年度(d)	1935年度(e)	1940年度(f)	1938年* 民間企業就職者(g)
東大	31.9%	26.0%	17.4%	8.4%	5.8%	4.8%	7.9%
一橋大	10.7	6.4	5.3	1.9	1.1	1.0	1.2
京大	10.1	10.7	8.0	4.4	3.9	3.0	4.8
慶大	8.3	7.3	8.8	3.4	2.4	2.5	4.1
早大	5.3	6.2	8.2	4.4	3.7	3.5	5.5
東工大	2.5	2.7	2.1	1.8	0.8	0.7	1.0
その他国公立大	6.1	14.6	13.4	6.8	8.9	7.7	7.9
その他私立大	3.7	6.0	12.6	11.0	12.0	11.0	12.9
全国立大	61.3	60.4	46.2	23.3	20.5	17.2	22.8
全私立大	17.3	19.5	29.6	18.8	18.1	17.0	22.5
高商	11.7	9.4	11.4	7.9	5.7	5.3	16.0
高工	5.3	6.2	6.1	9.2	6.3	8.6	10.7
その他専門学校	4.4	4.5	6.7	40.8	49.4	51.9	29.0

出所：青沼吉松『日本の経営層――その出身と性格』日本経済新聞社,
(注) ＊は,『文部省年報』第67年報(1939年度)

での成功の要因については拙著『早稲田と慶応』講談社現代新書、二〇〇八年に、東大卒業生の「凋落」の要因に関しては拙著『東京大学　エリート養成機関の盛衰』岩波書店、二〇〇九年に詳しいので参照していただきたい)。

慶大躍進の理由としては、伝統的にもともと経済界をめざす人が多く入学してくることや、コミュニケーション能力などを重視する校風があることなどがあげられる。こうした人たちがビジネスの世界で成功する可能性は高い。慶大には「三田会」という強固な同窓会組織があり、それを媒介として慶大出身者が採用や昇進に際して有利に扱われることも無視できない。

東大の「凋落」の理由は、次のように推測できる。かつての役員は経営企画、人事・労務、総務といった管理職で成功した人が多かった。現在では販売や仕入れといった営業職で成功した人に多い。しかし、高い学力を重視する教育を受けてきた東大出身者は、高いコミュニケーション能力などが求められる営業職においては、あまり能力を生かすことができないということも考えられる。

また、かつての企業は、官公庁の厳しい規制のもとに置かれていた。官僚の世界では東大出身者が圧倒的に多く、それに対応して企業でも東大出身者を優遇する素地があった。現代においても、官公庁の役割が低下していることは周知の事実なので、企業においても東大出身者を優遇する理由の一つが薄れることになる。

ここまでの話題は、東大や慶大など超名門校についてである。再び、大学全体のことに話題を戻すと、経済界において経営者になるには、名前のよく知られたブランド大学を卒業することが有利に作用していると結論づけることができる。

ただし、次のことに留意する必要がある。つまり、確かにブランド大学出身の人が多く経営者になっているが、そもそも上場企業に入社した人の数が、これらの大学の卒業生に多かったのである。現在経営者になっている人たちが入社したのは、二〇年以上前である。当時は日本の企業、特に上場企業や大企業では採用にあたって「指定校制度」をとっていた。入社試験を受けられる大学を限定していたのである。主に名門校の卒業生を優先的に採用していた。それは、名門校の卒業生がその会社に多くいたことを意味するので、経営者になる人もその中から選抜されることになる。したがって、そもそも名門校卒業生の間での激しい競争だったという側面も認識しておく必要がある。

なお現在では、この「指定校制度」を企業があからさまに前面に出して採用活動をする時代ではなくなっているが、いまだに慣習として陰に陽に影響を与え続けている。

「ブランド大学」卒業と昇進のメリット

なぜ名門校、ブランド大学を卒業することが、企業での昇進に有利であるかを簡単にまとめておこう（詳しくは、橘木・連合総合生活開発研究所編『「昇進」の経済学――なにが「出世」を決めるのか』東洋経済新報社、一九九五年、および拙著『昇進のしくみ』東洋経済新報社、一九九七年を参照）。

第一に、会社の上役に名門校出身者が多いので、彼らは入社のときから「陽のあたる職場」に配属される確率が高い。これは採用時における「指定校制度」に似たものであり、入社したときから業績を目立たせることができるため、昇進にも有利に作用することがある。

第二に、名門校に入学するには、厳しい入試を突破するための努力が必要である。なので名門校を卒業した人は勉強だけに限らず、企業での仕事においても努力する人が少なくないと想像できる。そのため、こうした人たちの昇進する確率が高くなることは不思議ではない。

第三に、官公庁や他社で活躍している、同じ学校出身の先輩や同僚、後輩が多い。このことは、ビジネスの現場・実践においてヒューマン・ネットワーク上、役立つだろうと予想できる。

第四に、企業のなかでは知的能力の高い人が活躍できる職場(例えば、研究開発、経営企画など)がいくつかあるので、学力の高い人がそれらの業務に従事して成功することも多い。

第五に、学力は、少なくとも人間を評価する際の一つの公平な指標ではある。企業がこれを重視しても、(嫉妬を招くことはあっても)社内であからさまに強い反発が示されることは少ない。

もっとも、学力はビジネス上の業績として評価する基準ではない。現代では、学力が高くてもビジネス上で高い業績を示せなかった人は高い人事評価を受けない。したがって、学力の高い名門校出身者が有利なのは、成果主義が導入されるなど社内での競争の激しい企業ではなく、どちらかというと官僚色の強い企業においてということになるであろう。

以上、名門校出身者が有利であることをみてきたが、以前、私は上場企業における役員名簿を詳細に検討したことがある(『「昇進」の経済学』『昇進のしくみ』)。一九九〇年代のデータによると、上場企業の役員のうち名門大学（ここでは東大、京大、東北大、九大、北大、阪大、名古屋大の旧帝大、一橋大、東工大、神戸大、早大、慶大の一二大学）卒業生は五〇％弱であり、残りはそれ以外の大学出身者であった。確かに名門大学出身者は有利であるが、非名門大学出身者が過半数もいることは注目されてよい。

このように上場企業の役員になる道は、非名門大学出身者にもそれなりに開かれているのである。日本の企業における社長・重役への昇進は学歴競争での勝利者だけのものではないということを念頭に置いてもよい。勉学と企業における仕事は性質が異なるということが大きく作用しているのはいうまでもない。

専門科目と職業

高校なり大学でどのような科目を専攻したかは、その人の職業を決めるのに重要な役割を果たす。ここでの関心は先述の学歴に関する三種の性質のうち、③の専攻科目による差である。詳しいことは後の章で再述するが、ここでは一般的に判断できることに限定してみてみよう。

まず高校での専攻である。高校で工業科を卒業した人の多くは、工場や建設現場の労働者として働くことになる。農業科で学んだ人は多くが農業や食品業に従事することになる。二〇〜三〇年前に商業科を卒業した女性は、事務職として働く人が多かったが、現在は事務職に限らず販売職など様々な職業に従事する。普通科で学んで就職した人は、特定の職種ではなく、あらゆる職業に就いている。

次に大学での専攻科目による違いであるが、これはもっとわかりやすいであろう。例えば、最も端的に示せるのは医学部である。医学部で学んだ人の九五%以上が医者になるからである。ちなみに一〇〇%でないのは、医師国家試験に合格しない人や、稀に漫画家の手塚治虫や文芸評論家の加藤周一に象徴されるように、医者ではなく他の分野・職業で活躍する人も存在するからである。歯学部や薬学部も医学部に近いとはいえ、特定の専攻科目を学ぶことが、特定の職業に就くための条件とさえなっているのである。教育と職業が直結しているケースである。

工学部、農学部、法学部(司法職に就く場合)なども、医学部ほどではないが専攻科目と職業が結びついている。電気技術者、機械設計者、バイオ技術者、農品種改良者、弁護士、裁判官などになるケースを思い浮かべればよい。さらに文学部英文科であれば翻訳者や英語の教師、理学部数学科であれば数学の教師といったように、これらも相関が高い場合がある。

なお裁判官、検事、弁護士といった司法関係者になるには、近年の制度変更により、法科大学院を卒業してから新司法試験に合格することが条件となったので、これまでのように法学部を卒業してから司法試験に挑むという形ではない。学部を卒業してから二~三年間、法科大学院で学ぶ必要があり、司法関係者と教育の関係は、医学部のようになっているといってよい。

最も曖昧なのは、法学部(司法職以外)、経済学部、商学部、社会学部などの文科系で学ぶ学生である。卒業後の就職先の大半が企業であり、企業のなかで就く職種も営業、人事、経理、総務というように様々なものがあるし、キャリアの途中でそれらを異動する人も多い。換言すれば、大学で学ぶ専攻科目と企業での職種との関連性は低いといってよい。

以上いくつかの専攻科目と職業との関係を、一般的に判断できる範囲でみてきた。学校で学んだ専攻科目が職業に結びつく場合と、そうでない場合のあることがわかる。これらの例は、教育を受けたことが、後の職業生活にどのような影響を与えるかといったことを考えるときに参考となる。これについては、後にまた取り上げて検証する。

2　大学進学の壁

冒頭で述べた学歴格差の三つの性質のうち、再び最初の卒業学校段階の差について考えよう。

五〇%の壁——高校

戦後の日本社会は教育の民主化政策を推進し、できるだけ多くの者が学校に通うことを目指し、それを実現させてきた。具体的には、小・中学校の九年間の義務教育や男女共学といった制度が導入され、また少なくとも一都道府県一国立大学を設置するなどした。もっとも、高校と大学は希望者だけが進学するものとした。高校進学と大学進学が、多くの子どもや家庭にとって大きな決断事項となったのである。

大学進学を論じる前に、高校進学がどうであったかを簡単にみておこう。図1-4は一九五五年から最近までの高校・大学進学率の変遷を示したものである。戦後一〇年を経過した一九五五年において、高校進学率は五〇%強である。一五歳の若者の、半分程度しか高校に進学できなかったのである。大学に至っては一〇%前後なので、ほとんどの若者にとって大学は無縁の世界だったのである。

高校進学率が五〇%前後であったということは、半数近くの中学生が高校進学をあきらめて、卒業後、実社会に働きに出ていたことを意味する。当時は、多くの中卒の若者たちが、地方から都会に「集団就職」で働きに出た。幟《のぼり》を立てて駅のホームに集まり、都会へと向かう汽車に乗り込む若者たちの姿が、映像などに記録されている。中卒の若者は「金の卵」と称され、社会や企業で重宝されたのである。

ちなみに、私は一九五八年に公立中学を卒業した。当時、勉強が好きで、かつ成績のよい中学生が高校進学を断念せざるをえなかったケースを、多く知っている。彼らが高校進学を断念するのには、主に二つの理由があった。一つは、卒業後すぐに働くことによって家計の苦しさをできるだけ和らげたり、助けたりするためである。もう一つは、家庭が高校の学費を出せないということである。すなわち、親の家計状況が高校進学を許さなかったのである。

その事情を統計で確認しておこう。新堀通也編著『学歴意識に関する調査』（広島大学、一九六七年）によると、能力はありながらも、経済や家庭の都合で旧制中学や新制高校に進学できなかった人の割合が、第二次世界大戦前後の時代においては約六〇％にも達していたのである。戦前から敗戦直後にかけての日本社会はまだ貧困者の多い時代だったので、多くの家庭では子どもを義務教育だけで終了させざるをえなかった。そのため、上級学校に進学できなくて涙をのむ子どもは数多くいたのである。

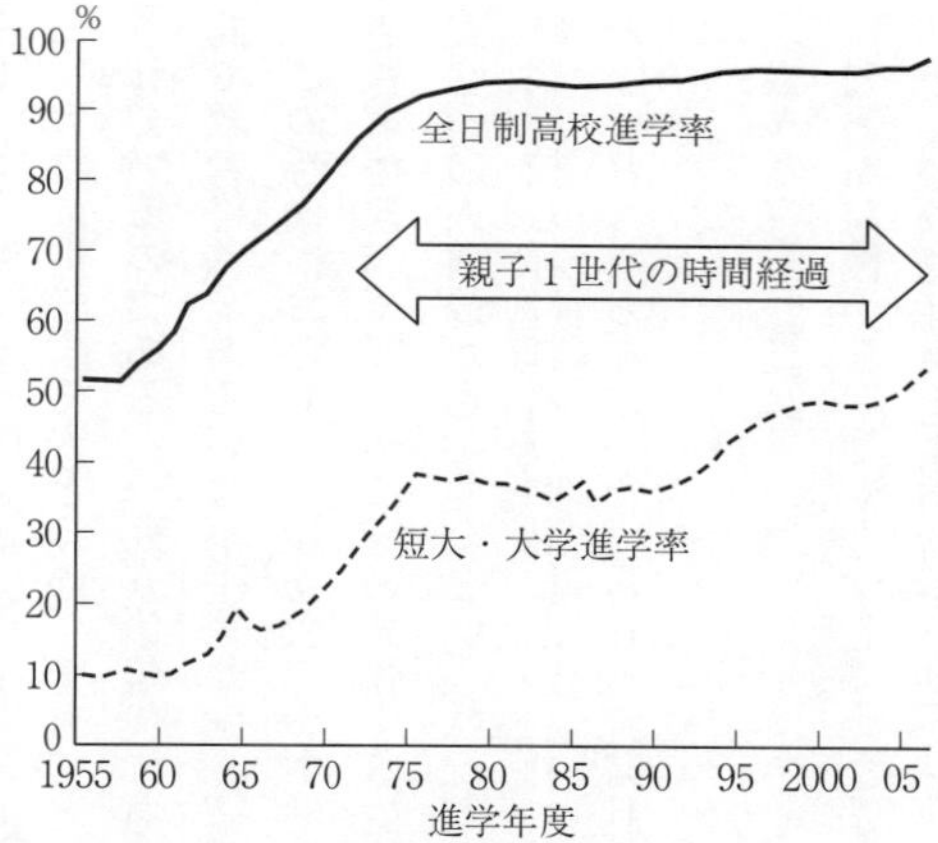

出所：文部科学省「学校基本調査」，吉川徹『学歴分断社会』ちくま新書，2009年

図 1-4　高校・大学進学率の変遷

このような状況は現在の教育格差の性質と大きく異なるものである。いまでも経済的な理由によって大学進学をあきらめる生

徒はかなりいるが、少なくとも高校進学をあきらめる生徒は少ない。むしろ後に議論するように、大学に進学するかどうか、そしてどの大学に進学するかが、家庭の経済状況によって左右されているのである。一九五〇年代にあっては、高校に進学するかどうかをめぐって、国民の間で教育格差、あるいは不平等が強く認識されていたのである。

この時代においては、義務教育の中学校ですら昼間の学校に通えず、日中、働いて学費や生活費を稼ぎ、夜間中学に通い勉強する生徒もいた。当時、全国で夜間中学校は一〇〇校弱あり、五〇〇〇人前後が通学するという状況だったのである。当然のことながら、高校においても定時制高校と呼ばれる夜間高校がかなりの数存在していた。そこでは、卒業するのに四年間は通わなければならなかった。現在も定時制高校は存在しているが、数は大幅に減っている。

盛んだった職業教育

五〇%前後の若者しか進学していなかった当時の高校教育において特徴的なことは、専攻科目として職業科の比率が高かったことである。図1-5は一九五五年から二〇〇八年まで、高校において生徒がどの学科で学んでいたかを示したものである。一九五五年において普通科が五九・八%であったのに対して、商業科、工業科、農水産科、家政科といった職業科は四〇・一%であった。ほぼ三対二の比率である。その状況は一九七〇年代あたりまで続き、その後、普通科が徐々に増え、職業科は減少していく傾向を示した。現在では、職業科はほぼ二〇%にまで減少している。

いうまでもなく普通科は、国語、数学、英語、理科、社会などのいわゆる学問的な科目を学

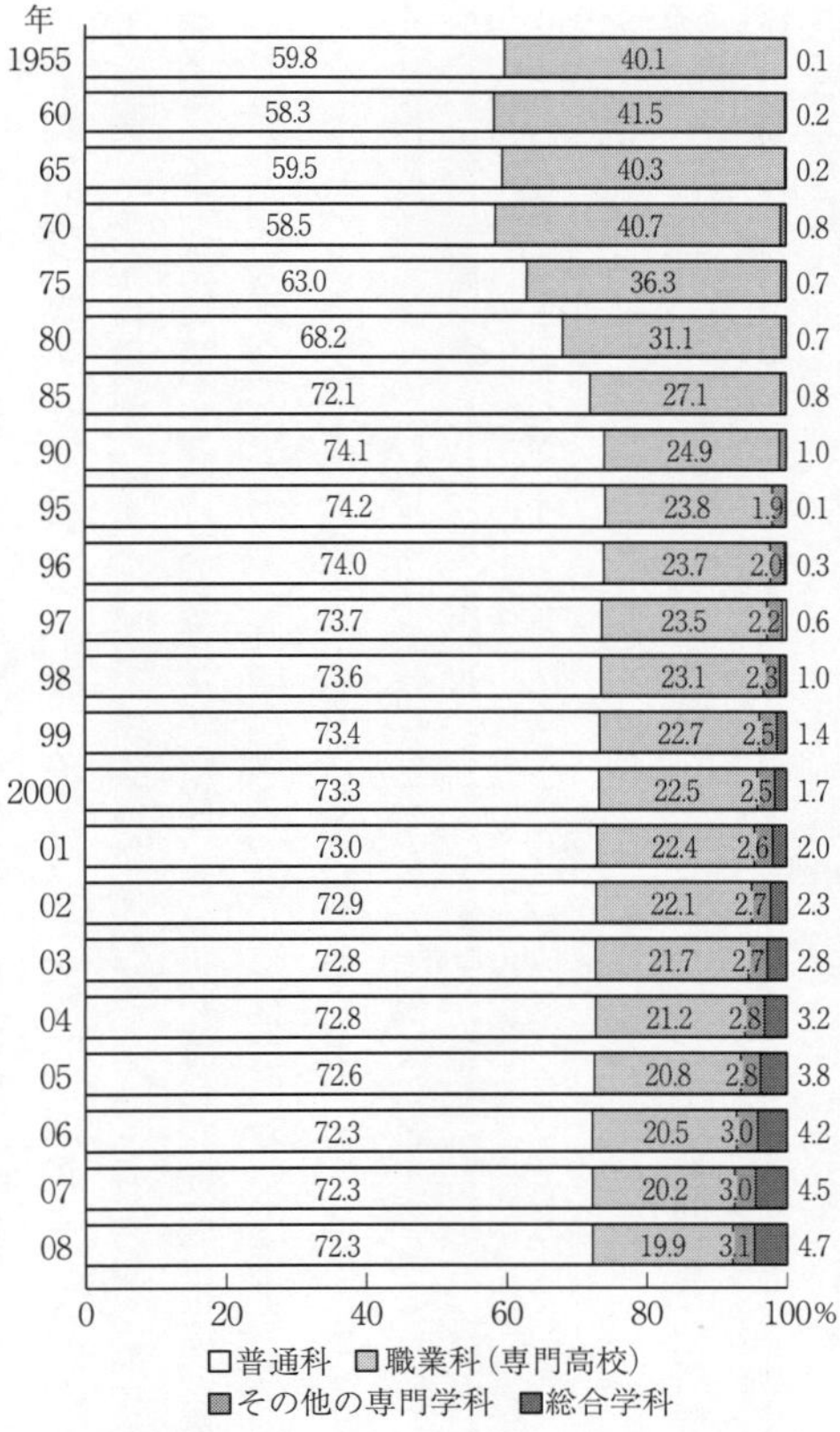

出所：文部科学省「今後の学校におけるキャリア教育・職業教育の在り方について」報告書，2009年
(注) 総合学科は1994年度より導入.「その他の専門学科」には，理数，体育，音楽，美術，外国語，国際関係等がある

図1-5　高等学校の学科別生徒数の構成割合の推移

ぶところである。普通科では、大学進学を目指す生徒と就職する生徒が混在している。一方、職業科では職に就いてから役立つ技能を習得することを第一目的としている。一部の大学進学者を除いて大半は就職先をみつけて、卒業後は働いていた。これら職業高校(専門高校)ないし職業科で学ぶ生徒は、当時は高校進学率が高くなかった時代だけに、生徒の質が高いことに加えて教育方法も優れていたので、有能な働き手として社会において重宝されたのである。

なぜこれだけ高い比率で高校生が職業科を選択したかといえば、次に示すように大学進学率が非常に低く、多くの高校生が卒業後は社会人として働くことを選択していたからである。国語、数学、英語などの科目を学ぶよりも、商業、機械、電気、農業というようにすぐに仕事に役立つ知識や技能を学んだほうが、就職するのに有利だった。また社会もそれらの生徒を受け入れて優遇するような時代だったのである。

一方、普通科で学んで就職した者が就く職業としては、事務補助的な仕事が中心だった。したがって、職業科出身の人と比較すれば、職業人としての能力は、低く評価されていたことは否定できない。

二〇%の壁——大学進学

もう一度、図1-4(二五ページ)をみてみよう。一九五五年ごろまでの大学進学率はわずかに一〇％であった。すなわち一〇人に一人しか短大・大学に進学しておらず、彼らは高等教育を受ける数少ないエリートだったのである。このように高等教育を受ける人がごく一部に限られていたことは、戦前から続いていた日本における一つの特徴である。その後、進学率は一九六〇年代に入り大きく上昇していくが、それでも六五年には二〇％にすぎず、まだ彼らをエリートとする社会の見方は残っていた。

高校生が大学などで高等教育を受けるかどうかを決定する要因としては、次の五つがある。①本人の能力、②本人の意欲と努力、③教育費を負担できるか、④学びたい大学や学科が身近にあるか、⑤卒業後の職業生活の見通しなどである。①と②は大学入試を突破しなければならないことを意味するが、当時は大学数に限りがあったので、入学するためのハードルはかなり高かった。①と②は個人の資質に関することなので、ここでは多くを語らない。でもこのことは後の時代になって重要性を帯びてくるので、後述することにする。

③に関しては、当時の国公立大学の学費は安かったので、学費が払えないから大学進学をあきらめるというよりも、高校を卒業してすぐに仕事に就いて所得を稼ぎ、親の家計を少しでも助けるという目的で、進学をあきらめる要因のほうが強かった。日本はやっと高度成長に入った時期で、家計所得はまだ低く、この要因はかなり大きく影響したのである。

④の問題は、特に地方に在住する生徒にとって大きかった。大学の数が少ない時代において

は、地方の生徒にとって学びたい大学や学科が近くにないということは珍しくなく、そうなると自宅外通学をしなければならない。これは授業料以外の経済負担が大きくなることを意味する。したがって、大学進学を決める際の制約になったことは否定できないのである(これについては小林雅之『大学進学の機会——均等化政策の検証』東京大学出版会、二〇〇九年という貴重な研究がある)。

⑤については、社会に占める大卒者の比率が非常に低かった当時にあっては、大卒がエリートとして処遇されていた。したがって、できれば自分も大学に進学したいと希望するのはごく自然な態度であるが、①から④で列挙した理由により、かなりの生徒は大学進学を断念せざるをえなかったのである。

もう一つ重要な点を指摘しておこう。それは、一九六〇年代ぐらいまでの短大・大学への進学率が一〇〜二〇%の時代においては、女性は男性よりもはるかに進学率が低かったということである。四年制大学に進学する女性は非常に少なく、進学しても短大というのが当時の一般的な風潮だった。性別差が厳然としていたのである(詳しくは拙著『女女格差』東洋経済新報社、二〇〇八年を参照)。

大学進学率二〇%の壁という事実は、高校への進学と同様に、あるいはそれ以上に教育格差を感じさせるものであった。当時は、多くの日本国民がまだ貧困から脱却しておらず、かなりの若者たち、特に男子よりも女子が大学への進学をあきらめていたといえる。機会不平等の時代だったのである。

五〇%の壁——大学進学率の上昇

一九五〇年代の後半あたりから、日本経済は高度成長期に突入する。それは七〇年代初めのオイル・ショックで終了する。その間の経済成長率は年平均で一〇%弱に達し、国民の所得も年々高くなる時代だったのである。家計所得が増加すれば、これまでは経済的な理由によって進学をあきらめていた高校生も大学を目指すことができるようになる。国としても、急激な経済活動の上昇にともない、生産性の高い有能な労働者・技術者を多く必要とすることになったので、大学・学部の増設に努めた。国が豊かになることによって、大学進学希望者の急増、それを満たすための高等教育機関の増設が可能となったのである。

短大・大学進学率が、一九六〇年から七五年までの一五年間に一〇%から四〇%程度にまで急激に上昇していることが、図1-4(二五ページ)によって如実に示されている。これほど急激に大学進学率が上昇することは、他の国では経験されていない。高度経済成長の効果が、高等教育を受ける者の比率を急激に高めたのである。これだけ急激に進学率が上昇している裏では、後述するように、家計によっては無理をして子どもを大学に送るようなケースもあった。実際、学生も貧しいなかでアルバイトをしながら学費を稼いだりすることは珍しくなかった。

ところが、こうした急激な大学進学率の上昇は一九七五年前後で止まる。以降、一九九〇年代初頭までややゆるやかな下降傾向を示しながら、ほぼ静止状態が続くことになる。この静止状態を説明する要因はいくつかある。すなわち、①高度成長の終焉によって家計所得の伸びが小さくなったこと、②四〇％以上の短大・大学進学率を保持することは社会的に意義があるのかという反省も生じたので、大学の増設にブレーキがかかったこと、③大学教育を受けたいと希望する学生の数もそう増加しなくなったことなどである。

しかし、一九九五年あたりから再び大学進学率は上昇に転じ、現在では五〇％を少し超えた水準となっている。これは主として女子の短大・大学進学率の上昇が要因である。家計が豊かになったので、女子も高等教育を受けることが可能となった。また女性の就業意識の高まりによって、女子も高等教育を受けたいとの希望が高まったことによる。一八歳人口の半数以上が短大・大学に進学している国は世界中にそう多くない。アメリカと日本ぐらいであろう。

このように大学進学率が五〇％を超えた現象を、苅谷剛彦は「大衆教育社会」と呼び（『大衆教育社会のゆくえ――学歴主義と平等神話の戦後史』中公新書、一九九五年）、吉川徹は「学歴分断社会」と呼んでいる（『学歴分断社会』ちくま新書、二〇〇九年）。「学歴分断社会」とは、これまでのように大卒者が少数派とはなっておらず、高学歴保有者と低学歴保有者がほぼ五〇％ずつの社会のことであり、そのため大卒か非大卒かというところで分断線が引かれ、そこに様々な格差が生じているという認識である。

広がる学校間格差

一八歳人口の五〇%が高等教育を受ける時代になると、大学間の格差がますます大きくなるという副次的効果が発生した。確かに、名門大学、ブランド大学というのはいつの時代にも存在していたし、入学試験を突破するのは難しかった。ところが大学の数が進学率の急上昇とともに増加すると、それほど学力の高くない生徒が入学できる大学も増加する。

かつてのように一八歳人口の一〇~二〇%しか大学に進学していないのであれば、それらの学生の能力・学力は比較的高かったといえる。しかし、いまや、かつての学生の学力に及んでいないような三〇~四〇%(五〇マイナス一〇~二〇)の学生が大学に入学する時代になった。大学生間の能力・学力の差が大きくなるのは当然である。換言すれば、四〇~五〇年前の大学間格差よりも、「大衆教育社会」あるいは「学歴分断社会」における大学間格差は、能力・学力のみならず名門度やブランド度などにおいて非常に大きくなるのである。

先述したように、大学生の数が少数だった時代では、社会は大学生や大卒者をエリートとして処遇できた。しかし、五〇%もの若者が大学に進学する時代になれば、すべての大学生をエリートとして処遇できなくなる。わかりやすくいえば、上位の大学と下位の大学との格差は、かつてよりも広がっており、そのために上位の大学出身者の価値がより高まり、逆に下位の大学出身者は、社会から以前のような「大卒エリート」とみなされなくなったことを意味する。

こういう時代になれば、多くの高校生がトップないしトップに近い大学（すなわち名門大学、ブランド大学）に入学したいと願うので、それらの大学の受験競争はより厳しくなり、過熱することにもなる。また多くの高校生が、たとえ名門大学でなくても、なるべく上の大学への入学を目指しているので、受験競争はより広範囲にわたることになる。

大学入試以前の段階でも、高校入試や中学入試まで含めると、多くの家庭が子どもの受験に関心をもち、その準備に労力を費やすという状況である。大げさにいえば、日本では受験体制が社会全体にまで広がっているともいえるような雰囲気である。

3　学歴格差は三極化

大学進学率の頭打ち

二〇〇五年あたりから短大・大学進学率は五〇％を超えた。今後は、この水準で推移するものと予想できる。すなわち、大幅な上昇も下降もしないだろうということである。なぜこのように、一定水準で推移するのか、いくつかの理由を述べておこう。

第一に、国民の多くが大学教育のメリットに疑問を感じ始めている。かつてのように大学生の数が少なく、大卒がエリートとして処遇されていた時代には、それを目指して多くの若者が大学に進学しようとした。そのことで、確かに大学進学率は、七〇年代に入って急速に上昇した。しかし、同年齢層の半分が大卒の時代となると、卒業後にエリート層として処遇されることは期待できなくなる。そうなれば、何としても大学進学を目指す者の数は伸びていかない。こうして、大学進学者数が頭打ちとなることがまず考えられる。

第二に、大不況の影響を受けて、現在、大卒の就職も厳しい状況が続いている。大学を卒業しても職がみつからないのなら、大学で学問を学ぶよりも、例えば専門学校などに進学して、技術・技能を習得するほうが合理的ではないか、と思う若者が増加する可能性はある。

しかし、同時に高卒の就職事情も悪く、これらの学生がモラトリアム（就職決定の引き延ばし）を実行して、一時的に短大や大学に進学する場合もありえる。これは進学率を上昇させる要因として作用する。ちなみに二〇一〇年春に卒業した高校生の就職内定率は前年よりも一・七ポイント下回る九三・九％と低く、就職未定者の一部が大学に進学したことも考えられる。

この二つの要因が相殺されて、大学進学率は増減しないものと予想できる。

第三に、大学の経営問題を無視できない。少子化現象によって一八歳人口の減少が進行しており、数年後には大学全入時代を迎えようとしている。受験者・入学者の減少により、大学によっては、経営困難となって倒産するところもあるだろうし、あるいは大学間の吸収・合併が促進されることにもなるだろう。子どもの数が減り、大学の数も減ることで、大学生の数も減る。こうして進学率の微小な減少をもたらすことになるだろう。

第四に、一八歳人口の半数以上が大学進学するという状態は、高等教育を受けることのできる能力の分布からしても、もはや限界に達しているといえるのではないか。偏差値の非常に低い大学では、能力においても、意欲においても、大学教育についていけない学生がいることは一般的に知られている。これ以上大学生の数を増加させる案は、人的資源の配分としても望ましくない可能性がある。

こうした見方を支持する例として、アメリカのケースを述べておこう。世界でいち早く高学歴社会を達成した国がアメリカである。しかし、大学進学率が五〇%を超えた段階で上昇率は止まり、その後、急激に伸びる気配はない。アメリカにおいては、能力分布からしても大学教育を受けることのできない層が目立ち始めていると予想できる。

アメリカの統計によると、短大を含めた大学進学率が五〇%を超えたのは、もう四〇年以上前の一九六五年であった。その後、徐々に上昇して一九九〇年に六〇%を超えた。実に二五年もかかって一〇ポイントの増加である。したがって、大学進学率はある一定水準に達すると、その上昇率を鈍化させると考えることもできる。

同様のことは、日本でも当てはまるのではないか。すなわち、どこの国においても人の能力分布からして、高等教育を受けることのできる人の割合には限界があるのではないだろうか。

ただし、この予想を覆すことが発生するかもしれない。そのことを述べてみよう。

第一に、一部の専門学校を大学と改称することを認めるなど、大学改革の可能性についてである。大学進学率が上昇しなくなるということは、必ずしも大学に進学しない一八歳の若者全員が働き始めることを意味しない。専門学校などのように、技能を教える学校に進学する者も少なくない。当然のことながら、これらの人は大学進学者に算入されていないので、たとえ専門学校に進学する人の数が増加しても、現状の制度化においては、大学進学率はほぼ一定の割合で推移することになる。

しかし、最近では新しい動きもある。これら専門学校のような職業学校のプレスティージを上げて、生徒が誇りをもって教育を受けることができるようにする方策の検討が、文部科学省などの教育界で進行している。わかりやすくいえば、専門学校における職業教育を一層充実させ、名称も大学という名を使ってよいという案である。これまでの大学は学問・研究が中心であったが、職業教育を重視することを容認して、それらをひとまとめにして大学教育の一環にするのである。

私が参加していた文部科学省中央教育審議会のキャリア教育・職業教育特別部会では、これらの案も審議されていた。いますぐに導入されるという案ではないが、大学の定義、あるいは大学の範疇を拡大する政策といってよい。もしこれらの案が実行されることになれば、これまでの大学と異なる姿となり、大学進学率も上昇に向かうかもしれない。

第二に、国民あるいは教育界の合意によって、大学教育の質の低下を容認する考え方が一般的になれば、従来ならば大学教育についていけない学生が大学に進学することを、いま以上に容認する時代となる可能性はある。大学大衆化路線をますます拡張する流れといってよい。もっとも、そうなれば、先述したような大学間格差はこれまで以上に拡大することとなる。

学歴格差は三極化へ

ここまで論じてきたのは、大学に進学するか、しないかの分岐点をめぐる話題である。学歴格差、あるいは教育格差は高卒と大卒(短大卒を含む)の二極化であるということを前提にしていた。かつての日本では、大卒と非大卒の間に大きな壁が存在していたので、多くの人がこの壁を越えようともがいていたのである。しかし、いまや五〇%を超す人がそれを目指せる時代となっている。そのため、現在、高卒か大卒かに加えて、新しい壁がたちはだかりつつあることを論じてみよう。

この見方は、女性の学歴格差が二極化から三極化に向かっていることから出発して考えたものである。その萌芽については、すでに拙著『女女格差』で示したが、女性の学歴格差は、①名門あるいはブランド大学を卒業した女性、②普通の大学や短大を卒業した女性、③高校を卒業した女性(若い年代には中学を卒業して就職した人が非常に少ないので、ここでは高卒で代表させる)の三種類から成るという三極化を主張した。

この女性の学歴における三極化が、男性にも発生しているのではないか、というのがここでの主張である。すなわち、女性の三極化とは内容が少し異なるが、①名門ないしブランド大学を卒業した男性、②普通の大学を卒業した男性、③高校を卒業した男性から成る三極化である。最近の傾向を勘案して少し補足すれば、①には大学院卒を含めてよい。また②には男性の場合には短大卒が少ないのであえて入れていないが、短大卒を入れてもよい。

女性の三極化を説明する一つの要因は、企業、特に大企業が、「総合職」と「一般職」に区別して女性を採用し、その後の仕事の種類、処遇、昇進などに差があることである。その区別の基準の一つが大学の名門度、ブランド度であり、また国立大卒に「総合職」が多く、私立大卒や短大卒に「一般職」の多いことなどが、脇坂明の研究で指摘されていた(「コース別人事制度と女性労働」中馬宏之・駿河輝和編『雇用慣行の変化と女性労働』東京大学出版会、一九九七年)。この区別は男性にはなく女性に特有なことなので、『女女格差』では、大卒女性の間での二極化があるとし、高卒まで含めると三極化になると結論づけたのである。

大卒男子にも二極化、非大卒を含めれば三極化現象があるとする根拠は次のとおりである。企業が新卒の大学生を採用するとき、かつて「指定校制度」が行われていた時代には、大学のブランド度に応じて採用の基準が異なっていた。しかし、ソニー会長だった盛田昭夫による「学歴無用論」などの主張もあって(『学歴無用論』文藝春秋、一九六六年)、学校名で採用や昇進に差を設けないほうがよいという風潮が強まり、あからさまな「指定校制度」はみられなくなった。ただし、実際には今日においても、陰に陽に大学名による採用格差は存在しており、男子学生にも大学間による格差はあるといってよい。

男子学生の場合にはほとんどが「総合職」なので、女子学生のような「総合職」と「一般職」といった身分上の格差ではなく、採用されやすいかそうでないかといった、大学のブランド度による格差である。

また昇進などにおいても、すでに示したように名門大学と非名門大学の格差は存在している(その一端を、会社役員、官僚、政治家、司法界、学界などについて、橘木・八木匡『教育と格差――なぜ人はブランド校を目指すのか』日本評論社、二〇〇九年でも具体的に示している)。

それともう一つ重要なことは、大学定員が増加し、一八歳人口が減少した結果、入学の困難な大学・学部と、推薦入試やＡＯ入試(一芸に優れた人などを優先して入学させる方法)によって入学が容易な大学・学部、あるいは定員に満たないために実質的に無試験で入学できる大学・学部が存在しているという二極化である。名門大学は伝統もあり、しかも卒業生の職業生活においても成功している場合が多い。そのため、名門大学に入学するには厳しい入学試験を突破しなければならず、小・中学校の段階から受験の準備をする場合も少なくない。こうした受験競争の激しさが、低年齢からの学力偏重など様々な弊害を生んできた。また本人のみならず家庭の経済力や労力も問われるので、そうしたことがあらゆる教育格差の源泉ともなっている。

一方、入学が容易な大学・学部に関しては、大学の講義についていけないなど学生の学力不足の問題や、卒業後の職業生活において所得や昇進に苦労することになるなどの問題もある。

しかし、こうした大卒間の格差以上に深刻なのは、三極化現象の一番下にいる高卒の場合である。彼らは低所得層の中心におり、職業生活でも非正規労働者になるなど、厳しい環境に置かれることが少なくない。ただし当然ながら、高卒者がすべてそのような環境にあると判断するのは早計である。高卒でも正業に就いていて十分な収入を得ている人もたくさんいる。

学歴格差における二つの分岐点

学歴格差、教育格差は二極化というよりは、三極化しているというのがここでの主張であるが、その意味するところを簡単にまとめておこう。人には、大きく分けて、高校で終えるか、大学に進学するかという選択がある。これは人生における第一段階の選択といってよい。

では第二段階は何かといえば、大学の間に存在する格差のなかで、短大ないし普通の大学に進学するのか、それとも名門・ブランド大学に進学するのか、という分岐点である。ここで「選択」という言葉を用いなかったのは、名門・ブランド大学を希望し、かつ目指して入学できる人もいるが、失敗して短大、ないし普通の大学に進学する人もいるからである。これは意図的と非意図的な要因の両方が作用しているので、選択という言葉を避けた。ちなみに今日では、大学院へ進学するかということも、もう一つの分岐点になりつつある。

どういう環境に育った人が、第一段階や第二段階の分岐点を突破しているか、あるいはどのような教育を小・中・高校あるいは学校外で受けた人が、そのような段階を突破しているかを議論することが本書での次の関心事である。本人の能力や学力、そして努力の程度、家庭の経済状況や環境、学校や学校外教育での教育のあり方、教員の役割、何を専攻するか、教育終了後の仕事との関係など、多岐にわたるテーマについて、次章以降で論じていくことになる。

第2章　家庭環境の影響力をどうみるか

前章では、日本における学歴社会の実相を様々なデータで検証し、学歴による格差が三極化していることを示した。では、人がどのような学歴を得ることができるか、あるいは、どのような質、水準の教育を受けることができるかということは、どのように決定されるのであろうか。それを決める要素とは何であろうか。

結論からいえば、学歴を決定する要因として、本人の生まれ育った家庭環境の影響力の比重が高まってきている。この章では、教育格差の生まれる要因について、家庭環境の影響力を中心に検証してみよう。

1　子どもの学歴を決めるもの——親の階層と学歴の関係

学歴による格差が三極化しており、その分化を決める第一段階は大学に進学するか、しないかの選択であると前章で指摘した。現代では、一八歳人口の半数以上が大学に進学する時代になっているが、大学進学を決める要因や背景として家庭環境はどのくらい影響力があるのだろうか。親の所得、親の学歴、親の教育に対する熱心さなど、いくつかの要素を検証しながら、それらを総合的に評価するところから始めてみよう。

家計所得と進学

国立大学の授業料は大学によって微妙に異なるが、現在年額で約五四万円である。一方、私立大学では大学や学部によって大きく異なっている。平均で文科系学部が七〇万円強、医学部・歯学部では三〇〇万円前後など、様々である。学費に加えて書籍・文具費、交際費などの費用がかかるし、自宅外通学であれば住居費、食費などにも相当な額が必要となる。これだけ多額の費用がかかるのであれば、子どもを大学に送ることは家計にとっては、かなり重い経済負担となる。家計所得の大きさが、子どもの大学進学率に大きな影響を及ぼしそうなのは、当然予想できることである。

そのことを最近のデータで確認しておこう。図2-1は、全国の高校三年生四〇〇〇人について、家計所得と進学・就職の関係を示したものである。東京大学大学院研究科大学経営・政策研究センターが同一人物を三年間追跡したデータなので、進学先や就職先に関する情報は正確である。

この図によると、大学進学に関しては、家庭の年収差が四年制大学への進学率に大きく影響を与えていることがわかる。年収二〇〇万円未満の家庭であれば大学進学率は二八・二%、同

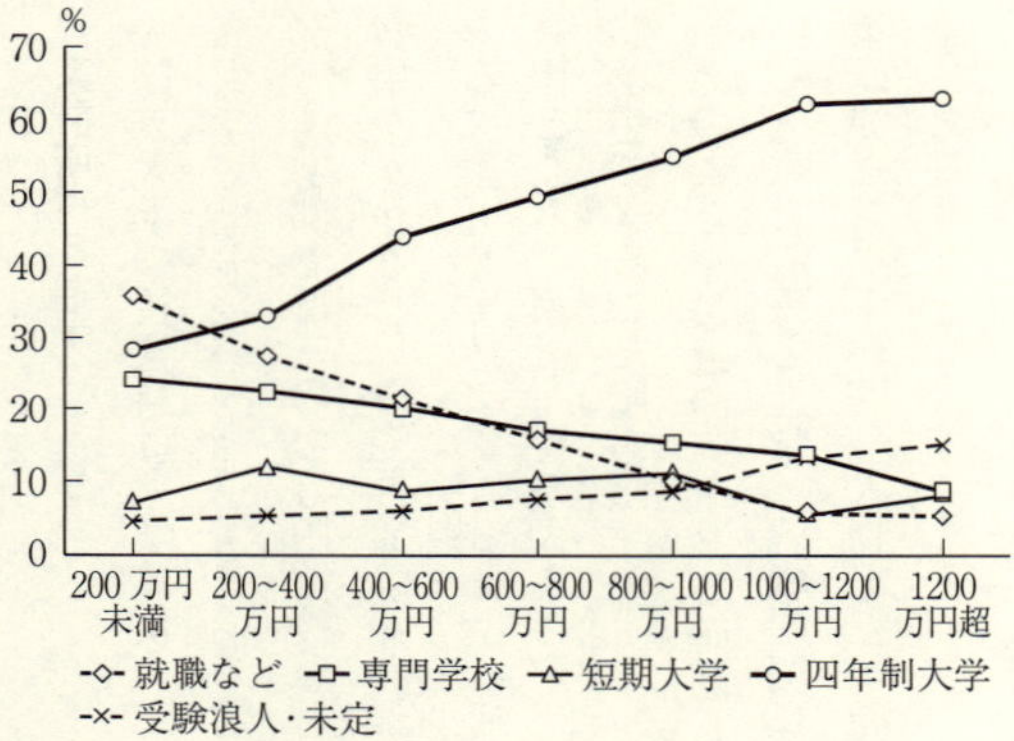

出所：東京大学大学院研究科大学経営・政策研究センター「高校生の進路と親の年収の関連について」2009 年 7 月
（注）日本全国から無作為に選ばれた高校 3 年生 4000 人とその保護者 4000 が調査対象．両親年収は，父母それぞれの税込年収に中央値を割り当て（例：「500～700 万円未満」なら 600 万円），合計したもの．無回答を除く．「就職など」には就職進学，アルバイト，海外の大学・学校，家事手伝い・主婦，その他を含む

図 2–1　両親年収別の高校卒業後の進路

様に六〇〇～八〇〇万円未満で四九・四％、八〇〇～一〇〇〇万円未満で五四・八％、一二〇〇万円超で六二・八％となっている。現時点で家計所得の平均は、この世代で五〇〇～七〇〇万円とみなせるので、大学進学率は五〇％前後と推計され、この値は実際の進学率とほぼ合致している。

この図には示していないが、国公立大学の進学率では年収による差はほとんどなく、一〇～二〇ポイントの差があるにすぎない。一方、私立大学では二〇〇万円未満で一七・六％、六〇〇～八〇〇万円未満で三六・八％、一二〇〇万円超で五〇・五％となっており、年収差の効果に関しては国公立大よりも私立大への影響が大きい。以上をまとめれば、親の経済状況が子どもの大学進学の決定に大きな影響を与えており、国公立と私立のどちらに進学するかにも影響を及ぼしていることになる。

この図で、四年制大学に進学しない者、すなわち短期大学、専門学校、就職、受験浪人・未定において、比率の差が目立つのは就職と専門学校への進学である。つまり親の年収が高くなれば就職する高校生の数は低下する。年収二〇〇万円未満であれば三五・九％が就職するのに対して、一二〇〇万円超であれば五・四％と非常に低くなる。卒業後は就職することになる専門学校においても、高校卒業後すぐに就職する人と同じパターンである。ただし、専門学校の場合、年収の上昇に応じた進学率の低下の程度（すなわち折線グラフのカーブの傾き）は、就職率よりもゆるやかである。

家計の影響力の変化

図2-1は、最近、高校を卒業した人の進路に注目したものである。では、すでに高校を卒業して現在勤労世代になっている人の場合はどうだったのであろうか。すなわち現在三〇歳代から六〇歳代の人が一八歳のときに、家庭の所得の大きさが大学進学率に与えた影響力はどうだったのであろうか。

実は、このことを実証するのはそう容易なことではない。なぜなら、これらの人々が一八歳時の親の所得まで知ることは不可能だからである。例えば、一九七〇年生まれで二〇一〇年現在四〇歳の人が一八歳のときというのは、一九八八年である。一九八八年時点におけるその人の親の所得などデータとして存在しないのが一般的である。現実にわからない親の所得を、Ⅳ法と称される方法で間接的に推計したのが、近藤博之「高度成長期以降の大学教育機会――家庭の経済状態からみた趨勢」(『大阪大学教育学年報』vol.6、二〇〇一年)、尾嶋史章「父所得と教育達成」(米澤彰純編『教育達成の構造』二〇〇五年SSM調査研究会、二〇〇八年)などである。

尾嶋は、一九四七年生まれ(二〇一〇年現在六三歳)から七五年生まれ(同じく三五歳)までの人々が、一五歳のときの父親の所得をⅣ法で推計して、父親の所得がこれらの子どもの教育達成(ここでは教育年数)にどう影響したかを調査した。その結果を示したのが図2-2である。ここでの標準化係数とは、父親の所得が子どもの教育年数の決定にどれだけ影響力があるかを推計したものである。具体的にはこの係数が大きい場合、父親の所得が高ければ高いほど、子どもの教育年数がより長くなる(大学進学とみなしてよい)程度が強いことを意味している。逆にこの係数が小さければ、父親の所得が子どもの教育年数の決定におよぼす程度が小さくなる。

図2-2によると、男性では一九四七年生まれから七五年生まれにかけて、すなわち年齢が若くなるにつれて、係数の値が傾向的に低下している。このことは、年齢の高い層では父親の

所得が高くないと大学進学が不可能であったが、若くなるにつれて父親の所得が大学進学決定に際して制約となる程度が低下していることを意味する。換言すれば、親の所得が子どもの大学進学を決定するときに制約となる程度は、時代の経過とともに徐々に弱まったのである。

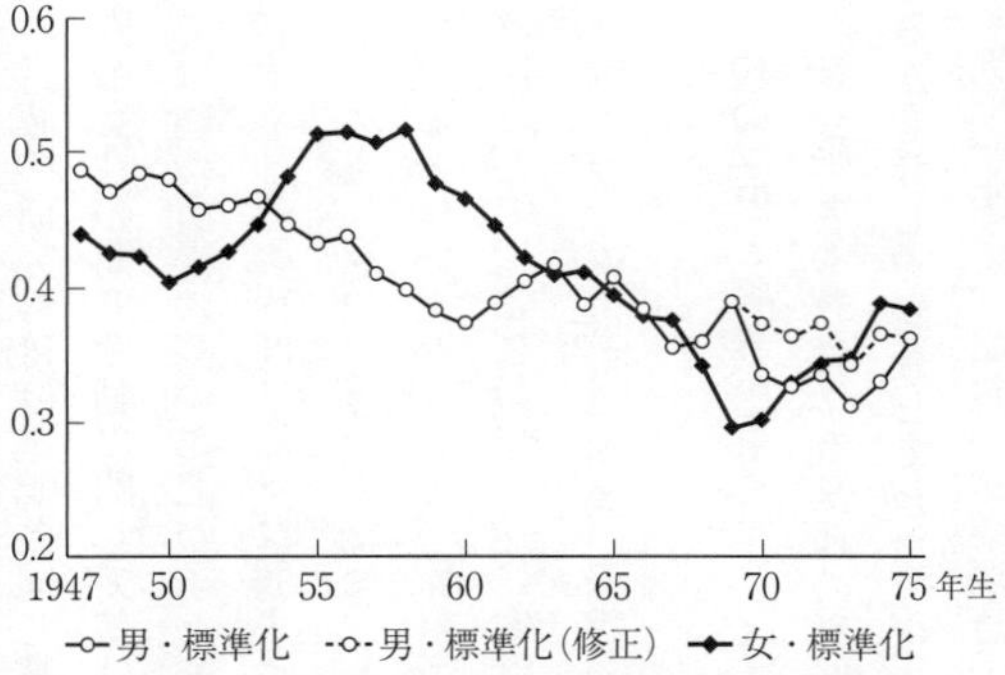

尾嶋史章「父所得と教育達成」米澤彰純編『教育達成の構造』2005 年 SSM 調査研究会, 2008 年

図 2–2　父親の所得と教育達成の関連(標準化係数)

女性は男性と比較して異なった動きをしている。大学進学が親の経済力に影響される程度は、時期によってかなり変動している。一九五〇年生まれから五八年生まれの女性では、係数が〇・一ポイントほど上昇しているので、親の所得が高くないと大学に進学できなかった。しかし年齢が若くなるにつれて、一九五八年生まれから七〇年生まれの約一〇年間に〇・二ポイントほど低下したので、所得の影響力はかなり小さくなった。この間に女性は親の所得の制約を受けずに、大学進学がしやすくなったことを意味している。この現象はいつまでも続かず、一九七〇年代生まれの女性は、親の所得の影響を再び強く受けている。

近藤の研究もほぼ尾嶋と同じ結果を得ている。これらから次のことがいえる。すなわち、男性と女性の間で変動に関して差はあるが、特に大学進学率の高い男性の結果から、数十年前までは親の所得の高いことが子どもの大学進学のための絶対的な条件であったが、長期の視点からするとその程度は徐々に弱まったといえる。

しかし、図2-1でみたように、現在でも低所得家庭の子どもはまだ大学進学の道が開かれているとはいえないので、家計所得の効果がなくなったとは到底いえない。むしろ、経済的な不況などで、ここ数年、逆に家計の影響が強まっているという可能性は高い。低所得層の子どもで大学への進学を希望する者への対策は依然として大きな課題である。

親の学歴と職業(階層)

社会学者や教育学者は親の学歴(教育水準)や職業が、子どもの学歴や職業にどう伝播しているかを詳しく調査してきた。古くは安田三郎などによる研究(『社会移動の研究』東京大学出版会、一九七一年)で、父親の職業が息子の職業にどう伝播しているかが分析された。これを社会移動と呼ぶが、社会移動が開放的か閉鎖的かということが検証された。

戦前の日本では、息子(特に長男)は父親の職業を継承するのが一般的であり、すなわち社会移動は閉鎖的であった。しかし、戦後の高度成長期あたりから息子の教育水準が父親より高いときには、息子の職業は父親の職業より高くなることもあった（ちなみに、ここで職業が「高い（低い）」という意味は、プレスティージ（職業威信）が高いか、低いかということである。例えば、首相や最高裁判所長官は非常に「高い」職業となる。社会学では様々な職業をこのプレスティージに応じてランク付けしている）。

わかりやすい例でいえば、父親が農業ないし小売業者であっても、息子が大学を卒業すれば大企業のホワイトカラー職に就くことができたのである。父親と息子の職業の間に教育が介在することにより、社会移動が開放的になる道が開けたのである。

ところが、二〇〇〇年、佐藤俊樹は『不平等社会日本――さよなら総中流』（中公新書）で、日本において社会移動が閉鎖的になっていると指摘し、息子が父親と同じ職業に就く程度が再び高まっていると主張した。佐藤の指摘は、貧富の差が拡大していると主張した拙著『日本の経済格差――所得と資産から考える』（岩波新書、一九九八年）とともに、日本が格差社会に入ったという主張の先駆けとなった（その後、こうした見方に反対する主張との間で論争がくり広げられることとなった）。

もっとも、ここでは格差社会についてこれ以上論じることは避け、子どもの教育達成に影響力をもつ要因として、家庭の影響の他にどのようなものがあるか、いくつかの考え方を提出して、その妥当性を議論しておこう。

親の所得と学力(学業成績)

最近になって、日本では入学志願者の選抜方法として、学力試験以外の方法が多くの学校で導入されてきている。それ以前は、学力試験というペーパーテストにかなりの比重を置いて入学者を選抜していた。そういう時代であれば、大学進学なかでも名門大学に進学するかどうかは、学力が決定的な役割を演じていた。だからこそ、どうすれば子どもが高い学力を得ることができるかに、本人のみならず、親、教師、学校、行政なども含め、大きな関心を払っていた。

その関心を要約すれば、「どういう生徒の学力が高い(低い)のか」ということになる。学力を決定する要因になりうる候補を列挙すれば、①生まれつきの能力、②本人の勉強に対する努力の程度、③学校での教育方法の効率性などである。これらの変数を決定する背景の要因として、④父親と母親の能力が子どもに遺伝する程度、⑤学校を卒業してからどういう職に就きたいかというアスピレーション(達成意欲)、⑥子どもがどの学校に進学できるかを決める要因としての親の所得などである。⑥に関しては塾や予備校などの学校外教育をも含む。

①の生まれつきの能力や④の遺伝(DNA)などを語ることは、日本ではあまり好まれず、能力と学力との関係などについての情報も利用できるものはそれほどない。なぜ日本で知能指数(IQ)などが公表されてこなかったのかといえば、子どもを生まれつきの能力で区別するのは、

教育における平等の原則に反するという思いが教育界、特に日教組（日本教職員組合）などを中心として教員の側に強かったからである。

一方、アメリカなどでは、第5章で詳述するが、能力の低い子どもを早期に判別して、その子どもたちに多くの教員と教育費を投入し、能力のハンディを補う教育を徹底的に行うほうが、より平等な政策とみなす思想もある。日本であれば、早期に能力の低い子どもをピックアップすること自体が、本人や親あるいは社会の抵抗感が強いので、この案の導入はそう容易ではない。

まずは、親の所得水準が子どもの学業成績にどのような影響があるかに注目してみよう。親の所得の大小が、子どもがどこまで教育を受けるか（例えば大学へ進学するか）を決めるに際して、一つの大きな要因であることは図2-1（四六ページ）によってすでに確認した。

では、教育水準を決める変数の一つが学力であることから、親の所得が子どもの学力（学業成績）にどのような影響があるかを検証してみよう。換言すれば、親の所得→子どもの学力→教育水準の決定という因果関係のなかで、前者の因果関係（すなわち、親の所得→子どもの学力）を調べるのがここでの目的である。

表2-1は、親の年収が子どもの学力にどのような影響があるかを示したものである。二〇〇七年、〇八年、〇九年に、小学六年生と中学三年生全員を対象とした全国学力テスト（「全国

表 2-1　世帯収入と子ども(小学 6 年)の学力

世帯収入	正答率(%)	
	国語A	算数A
200 万円未満	56.5	62.9
～300 万円	59.9	66.4
～400 万円	62.8	67.7
～500 万円	64.7	70.6
～600 万円	65.2	70.8
～700 万円	69.3	74.8
～800 万円	71.3	76.6
～900 万円	73.4	78.3
～1000 万円	72.8	79.1
～1200 万円	75.6	81.2
～1500 万円	78.7	82.8
1500 万円以上	77.3	82.5
平　均	69.4	74.8

出所：文部科学省調査

学力・学習状況調査」)が実施されたが、この表は、〇八年の小学六年生の結果をもとに分析したものである。標本数が全数調査なので、データの信頼性は高い。ここでは国語と算数の学力に注目する。

この表によると、年収が一二〇〇万円を超える家庭の子どもの国語・算数の正答率は平均よりも八ポイント以上高く、その一方で二〇〇万円未満では平均よりも一〇ポイント以上も低い。親の世帯年収の差によって、子どもの学力差がかなりあることがわかる。似たような結果は中学生の国語・数学の学力差にも出現しているので、親の所得水準が子どもの学力の決定にかなり大きな影響を与えているといえる。

ただし、ここでの解釈には微妙な問題のあることを指摘しておきたい。第一に、親の所得が高いということは、その親の能力・学力の高いことの代理変数であるかもしれないということである。つまり、その親は能力・学力が高いからこそ、高い教育を受けて良い職に就いているという可能性が大いにあり、そうなれば高い所得を稼いでいる確率も強まる(橘木・松浦司『学歴格差の経済学』勁草書房、二〇〇九年、および橘木・八木『教育と格差』参照)。そう解釈すれば、親の高い能力・学力が子どもに遺伝されたという考え方も可能である。

第二に、親の所得が高いと家計に余裕があるので、これは後に示すように子どもが塾や家庭教師といった学校外教育を受けている可能性が高く、必然的に子どもの学力も高くなるという見方もある。

学歴下降回避説

親の所得が高い(低い)と、子どもの学力も高く(低く)なるという関係を説明するメカニズムはいくつか考えられる。例えば親の所得が高い(低い)ということは、すでに指摘したように、一般に親の教育・職業水準が高い(低い)ことを意味するので、子どもも高い教育・職業を得たいという希望が強いし、それを親も陰に陽に支援すると予想できる。

このメカニズムを説明する一つの説が「学歴下降回避説」というものである。もともとは欧米においてRRA仮説(相対リスク回避説)と呼ばれ、人は子どもが自分と同等以上の階層(教育・職業)に到達できるように、すなわち子どもが自分よりも下の階層になる確率を最小にするために子どもに高い教育を授けようとする傾向が強いとする説である。

このRRA仮説を日本に即して提唱したのが吉川徹による「学歴下降回避説」である(『学歴

と格差・不平等――成熟する日本型学歴社会』東京大学出版会、二〇〇六年)。簡単に説明すれば、子どもの教育水準の決定において、親の教育水準より下になることだけは避けたいという動機が、親子ともどもに強く作用するというものである。例えば、親が高卒であれば、子どもの学歴は少なくとも中卒となることだけは避ける。親が大卒であれば、子どもは高卒や短大卒で終了することは避けて大卒以上を望むということになる。

このことを証明するために、吉川は次の事実を紹介している。すなわち、親が高卒(高卒相当も含む)である場合の、子どもの大学進学率がいつの時代でも一定以上には伸びていないという事実である。同時に、親が大卒(大卒相当を含む)である場合の子どもの大学進学率が、いつの時代でも高い値で安定的に継続している事実である(荒牧草平「教育達成過程における階層間格差の様態――MTモデルによる階層効果と選抜行動効果の検討」米澤編『教育達成の構造』もこの仮説を支持している)。

私は、吉川の説をさらに拡大解釈して、次のような仮説もあると考える。すなわち、「下降回避」を望むだけでなく、むしろ積極的に親以上の学歴になることを親も子ども本人も望むという考え方である。日本においては、親は子どもの教育達成に相当に敏感である。具体的には、子どもにできるだけ高い教育を与えたいと望むことも多く、この仮説は現実妥当性が高いと思われる。

また、この仮説を後押しする理由には、次のようなものも考えられる。すなわち、親自身は高い教育を受けたいと願ったけれど、家庭の経済状況などが原因でそれが果たせず、非常に悔しい思いをした。そこで、子どもには自分と同じ思いをさせないために高い教育を受けさせたいと強く願い、あらゆる労力を子どもに投資する。かつて地方では、農家において子どもを東京の大学に進学させるため、田畑を売って学費などに当てるということもあった。

もっとも、最近になって、子どもにかかる教育費が高くなり、家計を直撃するようになっている。そうした状況において、古田和久は、ここ十数年の不況は家計所得を減少させてきたので、たとえ親よりも高い教育を子どもに受けさせようと願っても、経済的な理由からそれをあきらめるケースが増加していることなどを報告している(「教育社会の不平等生成のメカニズムの分析」米澤編『教育達成の構造』)。また小林雅之も同様の主張を展開している(『大学進学の機会』)。古田や小林の主張は、「学歴下降回避説」や私の仮説に反するものではないが、経済的な問題など、親や子の動機以外の要素が強まっていることを示すと解釈できる。

親よりよい学校への進学説——名門度上昇希望仮説

「学歴下降回避説」およびそれを拡大解釈した私の考えなどを説明してきた。さらに、次のような仮説も今日の日本では成り立つのではないかと考える。それは親が子どもの高校や大学、特に大学の進学先を決めるときに、自分の卒業した学校より名門度の高い学校への進学を希望し、子どももその希望に報いようとする動機がある。仮に「名門度上昇希望仮説」と呼ぶことにしよう。先の「学歴下降回避説」などでは、親子の学歴水準の差に注目したが、それに加えて、学校の名門度にも注目したものである。したがって、これら二つは同時に成立することもありうる。

いくつかの例をあげてみたい。第一は、中央官庁などにみられる例である。中央官庁が東大出身者を優遇していたことは一般によく知られている。東大以外の大学を卒業した公務員が出世競争で悔しい思いをしたことは確実である。そのため、自分の子どもに東大への進学、特に東大法学部への進学を勧めることがよくある。子どもも親の悔しさを知っているので、果敢にもそれに応じて、大げさにいえば、親のかたきを討とうとするのである。そして首尾よく東大法学部に入れば、次は官僚志望である。「学歴下降回避説」と「名門度上昇希望仮説」が同時に成立する。最もわかりやすい例を示せば、高卒の公務員を親にもつ子どもが、官僚をめざすべく東大法学部への進学を希望するというケースである。

第二は、起業経営者として成功し高額所得を得ている者には、実は名門大学を出た人はそれほど多くない。しかし、それらの人たちは自分の子どもをできるだけ名門校に送りたいと希望し、多額の教育費を支出している場合が多い（橘木・森剛志『新・日本のお金持ち研究——暮らしと教育』日本経済新聞社、二〇〇九年）。高額所得者になった起業経営者なので人生に不満はないと思われるが、意外と学歴に対してコンプレックスはあるようで、自分の子どもは良い学校に入学させたいようである。

以上二つの例は断片的なものにすぎないが、一般論として、どのような親でも、自分が名門大学を出ていないために、何らかの不利益を感じるようなことがあれば、それが多少なりとも学歴コンプレックスを生じさせ、自分の子どもにはそのような苦労をさせたくないと考えることはあるだろう。しかも、子どもに高い教育を受けさせるのに十分な経済力があれば、子どもの教育に熱心になることは、普通に考えられることだろう。子どももその期待に応えようとすれば、名門大学へ進学しようとする傾向は強まり、あるいは過熱することもありうる。

もっとも、このような動機が日本においてどれほど行き渡っているかを確認するデータはなかなかない。実際に調査しようとすれば、親子それぞれの卒業学校名が必要だからである。したがって、ここで述べたような大まかな推察をもとにしか論じられないが、それほど現実離れした見方ではないと考える。

インセンティブ・ディバイド

「インセンティブ・ディバイド（誘因・意欲の格差拡大）」は苅谷剛彦が提唱したもので（『階層化

日本と教育危機——不平等再生産から意欲格差社会へ』有信堂高文社、二〇〇一年)、日本における教育格差を説明する要因として注目を浴びた。親の教育や職業で代表される階層差が、子どもの学習意欲に差をもたらすという考え方であり、親の階層の高い子はよく勉強して高い教育を受けるのに対して、階層の低い子は勉強意欲に欠けるので低い教育に甘んじることとなる。そのことは、子どもの学習時間、上の学校に進学したいというアスピレーション、学校生活へのコミットメント、塾などの学校外教育への関心といった様々なことに影響を及ぼすことになる。

特に日本においては母親の役割について関心がもたれることが多い。例えば本田由紀は、大卒の母親は子どもを「きっちり」かつ「のびのび」教育するので、子どもの成績も良く、レベルの高い学校に進学するのに対して、高卒の母親は子どもを「のびのび」に重点をおいて育てるので、その子どもは大卒女性の子どもと比較すると学業に関しては芳しくない傾向があるとしている(『「家庭教育」の隘路——子育てに強迫される母親たち』勁草書房、二〇〇八年)。私も、母親が勤労している家庭は一般に子どもの教育に対して力を注ぐ量を減らさざるをえないこと、しかも、フルタイムかパートタイムかといった就業形態の差による影響が大きいことなどを分析している(橘木・木村匡子『家族の経済学——お金と絆のせめぎあい』NTT出版、二〇〇八年)。具体的にいえば、パートタイムのほうがフルタイムで働く母親よりも、子どもの教育に力を注ぐ時間があるということである。

一方で、私は、父親の役割もかなり重要であることを分析している（橘木・八木『教育と格差』）。一例をあげれば、男の子の教育は意外と父親の意向が強く働いており、息子は父親の姿をみながら自分の教育を決めている側面もある。従来、母親の役割に関心が集中していたのに対して、父親にも注目すべきだとして一石を投じたのである。

ここまで述べてきた説、すなわち「学歴下降回避説」「名門度上昇希望仮説」と「インセンティブ・ディバイド」の教えるところは、親の階層（特に教育）と教育熱心さが子どもの教育に与える効果の大きいことを示唆している。

2　文化資本か、学力資本か

様々な形で、親の階層が子どもの教育に影響を与えることがわかった。ここでは、文化資本と学力資本という考え方を通して、そうした影響をさらに整理してみよう。

文化資本とは

親の教育・職業・所得などで説明される階層が高ければ、子どもは様々な具体的に目に見える形、見えない形の双方で、親から好ましい影響を受ける。これが文化資本の考え方である。

例えば、古典文学、クラシック音楽や絵画にいそしむとか、美しい言葉を使いこなすといった上層階層に特有な文化的水準の高さは、子どもにも自然と受け継がれることになるという考えである。上層階層に特有な思考様式、あるいは立ち居振舞いなどもそれに含まれる。これとは逆に親の階層が低ければ、子どもはそのような影響を受けないことになる。

もともとこのような家庭における高貴な文化資本の重要さは、階級社会であったイギリスやフランスで意識されていた。学校制度が定着していなかった時代では、城主、騎士といった上流階級にあっては、子どもに家庭教師をつけてラテン語や歴史を中心とした学問、音楽・芸術などを教えていた。学校制度が世に定着し始めると、上流階級の子弟が多く集まる学校が創設され、そこでも古典語、歴史、哲学、芸術などを中心にして文化度の高い科目の教育がなされた。その代表がイギリスにおけるパブリック・スクールである。イートン、ハロー、ラグビー、ウィンチェスターといった私立の学校がその代表的な存在である。

なぜパブリック・スクールが文化資本を語るうえで重要かといえば、これらの学校に入学するには、親の階層が高いことが条件になっていたからである（詳しくは拙著『灘校――なぜ「日本一」であり続けるのか』光文社新書、二〇一〇年を参照）。かつては全寮制を原則としていた学校なので学費・寮費がかなり高く、一般庶民の子弟が入学できるようなところではない。さらに、入学者選考に際して、子弟の学力よりも面接や調書、さらにはコネなどが重視されていたことでもわかる。親の身分や経済状況が大いに考慮され、面接においては家庭環境や、子どもがどう教育されていたかなども試問された。

具体的にいえば、面接では、子どもがどのような本を読んでいるのかといったことや、音楽・美術のたしなみについてなども問われるので、家庭の文化水準が判定されていたわけである。最もわかりやすい側面としては、面接における英語の発音が、上流かそうでないかを分ける判断材料とされていたことである。イギリスでは、上流とそうでない人の使う英語は発音などが異なっており、面接によってそれがすぐに判明するのである。私自身は、イギリスのパブリック・スクールにおける面接重視は、入学者決定に際して上流階層の子弟を選抜するのに好都合な制度だったと判断している。

パブリック・スクールを評価するうえで重要なことは、これらの学校での教育方針が必ずしも学力だけを重視していたのではなく、全人教育という立場から道徳、体育、人格などの教育も重視されたことにある。いわば上流階級・上流階層として社会の指導者たるにふさわしい人間となるように教育されていたことを忘れてはならない。

かつてのイギリスでは、名門のオックスフォード大学、ケンブリッジ大学への進学者の多くは、パブリック・スクールの卒業生であった。この両大学での入学者選考も、パブリック・スクールほどではないが、面接が重視されていたので、必ずしも学力だけで選考されているのではなかった。もう一つの例をあげれば、ケンブリッジ大学のキングス・カレッジではイートン校から優先的に入学できたし、オックスフォード大学のニュー・カレッジではウィンチェスター校から多くの生徒が入学できたのである。しかし、これらの優先入学制度は、現代ではほとんど採用されなくなっている。

学力資本とは

学力資本とは、親の階層や家庭での文化資本とは無関係に、本人がどれだけ学力に関心があり、勉強をどれほどするかに注目した考え方である。本人の生まれながらの能力や、生徒・学生であったときにどれだけ勉学に励んで努力しているか、そして学校でいかに効率的に教えられているかといったことが、子どもの学力の高さを決める際の大きな要因となるという考え方である。

ピエール・ブルデューは家庭での文化資本が高ければ、子どもの教養など、学力資本も高くなる可能性があると主張した（ブルデュー、ジャン＝クロード・パスロン、宮島喬訳『再生産――教育・社会・文化』藤原書店、一九九一年）。家庭に百科事典があったり、娯楽や遊びばかりをさせずに、高尚な書物を読ませる雰囲気があるなどといったことが、子どもの学力を高める要因となるだろうと考えられる。ただし、ここではあえて文化資本と学力資本を区別して論じることにする。

なぜ文化資本と学力資本を区別するかといえば、次のような場合もありえるからである。すなわち、たとえ親の階層が低く、かつ文化資本を蓄積していなくとも、子どもの生まれつきの能力が高く、しかも本人がよく勉強するのであれば、学校の学業成績を上げることができるし、また上級学校に進学する確率も高くなるという場合である。例えば戦前の日本においては、家がたとえ貧しくても、子どもが格別優秀であれば、篤志家などが現れて、その子どもを経済的に支援して上級学校に進ませるということもあった。経済的に豊かでなければ上級学校に進学できない時代ではあっても、ごく少数ながらこうしたケースはあったのである。

このような例は、学校において入学者を決定する際に、学力試験のみで選抜するか、あるいは学力試験を大いに重視する場合にみられる。文化資本の考えが説くように、親の階層や所得、あるいは文化程度などが、面接や書類を通しての選考の基準となっているなら、学力のウェイトは低くなる。日本の高校・大学の入学試験ではこのような基準は一部の私立学校を除いて、ほとんどが考慮していない。これは戦前・戦後を通じて、日本の国公立校において共通の特色であった。

なぜ日本では主として学力試験を、換言すれば、学力資本を重視して学校での入学者の選抜を行ってきたのか。それは、選抜が公平で客観的になされねばならないという考えが日本社会において根強かったからである。志望者全員が共通の試験問題に挑み、その採点結果に応じて入学者を決定する方法は、客観性に富むし、何よりも公平であるとみなされてきた。

書類によって親の階層が考慮されたり、また家庭状況などを質問する面接の結果が考慮されるのであれば、選抜に際してコネや家族の情報といった恣意性の入り込む余地があることは否定できない。ペーパーテストであれば匿名性があるので、公平かつ客観的に選抜できるのである。学力による入学試験の場合は、匿名性を象徴する受験番号によって採点・評価されていることは自明であろう。

しかし最近になり、別の現象もみられる。すなわち、少子化の影響で生徒・学生の数が少なくなり、高校や大学は生徒・学生の確保に努めるようになっている。そのため、学力試験だけではなく、AO入試や、出身学校からの推薦入学などによる場合も増加している。

日本の学校は少なくとも最近までは、このように学力試験を重視して入学者を決定していたが、他の国でもそのような例はある。隣国の韓国や、欧米ではフランスが有名である。フランス語に「コンクール(concours)」という言葉があるが、これは「競争試験」と訳される。この言葉は日本でも一般的に用いられており、フランスが試験を重視する国であることを象徴している。ここでは詳細は省略するが、フランスでは学力試験が重視され、日本以上に激しい受験競争が行われている(フランスの教育制度や特に名門校を含んだ学校での入学試験の実態については、拙著『灘校』で紹介している)。

イギリスの名門のパブリック・スクールでは、入学に際して文化資本が重視されてきたことはすでに述べた。しかし、産業革命後、一九世紀に入ってから、生産性の高い有能な人材を必要とする認識が社会で広まり、学力を重視する風潮がイギリスでも芽生えることになる。それを象徴するのが公立のグラマー・スクールと呼ばれる中等教育の学校である。安い学費ながら学業を重視する学校であり、卒業生もオックスフォード大学やケンブリッジ大学に多く進学するようになった。二〇世紀に入って、このグラマー・スクールは、パブリック・スクールの好敵手となった。

このようにグラマー・スクールが学生の学力を高めたことは、パブリック・スクールにも刺激を与えることとなった。学力のみではない全人教育をモットーにしていたパブリック・スクールが、二〇～三〇年前から、学力重視の教育方針を採り入れる傾向にある。

日本における文化資本の影響

ここまで述べてきたように、日本では文化資本よりも学力資本に対する信頼度や依存度がかなり高かったが、文化資本がまったく影響をもっていなかったというわけではない。いくつかの実証研究があるのでそれを簡単に紹介しておこう。

実は日本では、これら文化資本が子どもの教育に与える効果は小さいというのが、専門家の間でのこれまでの認識であった。学力重視の社会風潮のなかで、文化資本の入り込む余地はなかったからである。しかし最近になって、例えば、片瀬一男の研究によって、高校生に関しては高い読書文化資本(文学や歴史の本を読む頻度)は男子の間で大学進学への熱意を高めていること、高い芸術文化資本(クラシック音楽や芸術に接する頻度)は女子の大学進学に寄与していることなどが示されている(『夢の行方――高校生の教育・職業アスピレーションの変容』東北大学出版会、二〇〇五年)。男子生徒と女子生徒とで、どのような文化資本に影響を受けるかが異なっているのが興味深い。

一方、私と八木の共著『教育と格差』では、親を父親と母親に区分して効果を測定している。それによると、男子に対しては、父親の読書文化資本のほうが母親のそれよりも教育達成度に関して強い影響力があるが、女子に対しては父親・母親ともにその影響力が弱いという分析結果を得ている。芸術文化資本の効果は女子のみに作用しており、しかも父親・母親からの影響力に差はなかった。これまで日本では、「教育ママ」「パーフェクト・マザー」などの言葉で代表されるように(本田『「家庭教育」の隘路』、橘木・木村『家族の経済学』)、母親が子どもの教育に与える影響力のみが注目されてきたが、『教育と格差』では、父親の影響力が抽出されたので新しい発見といえる。

もっとも、家父長制の強かった戦前の日本であれば、子ども(特に息子)の教育達成を決めていたのは父親だったので、現代になって息子に対する父親の影響力が強くなっているとしたら、復古主義的な現象が一部で現れているのかもしれない。

ここで述べたことを要約すれば、日本で文化資本を評価すると、親であっても父親と母親で、あるいは子どもであっても男子と女子で、文化資本のもつ意義や受ける影響力は異なるといえる。しかし全体で評価すれば、文化資本の果たす役割はそれほど大きくはない。すでに述べたように、日本では学力資本のもつ影響のほうがはるかに大きい。ただし、文化資本の役割は、子どもがどこまで学習意欲をもてるかといったことなどに、間接的にせよ影響力を及ぼしている。

家庭の文化資本と子どもの学習意欲

いま述べた結論を支持する証拠を図2-3で確認しておこう。これは苅谷剛彦による調査で、家庭の文化的背景が中学生の学習意欲にどれだけ影響を与えているかを示したものである。ここでの文化的階層とは、「家の人はテレビでニュース番組を見る」などの回答状況から、文化度の高い家庭から低い家庭までを並べて、それを上位三分の一、中位三分の一、下位三分の一に区分し、それぞれのグループで子どもが学習意欲をどれだけもっているかを示している。子

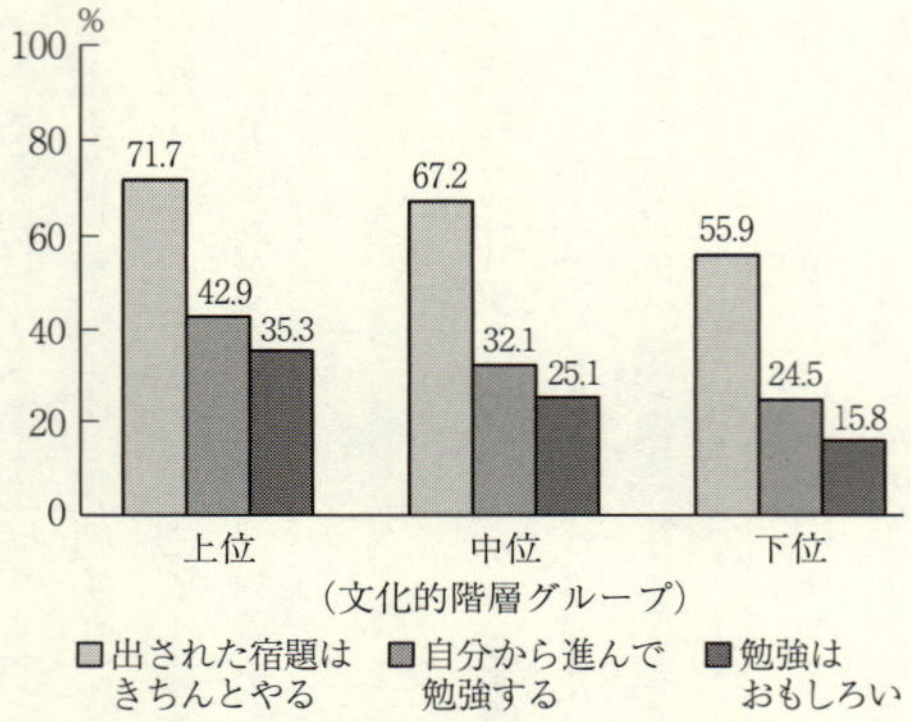

出所：苅谷剛彦『学力と階層』朝日新聞出版，2008年

（注）中学生1281人を対象に調査（2001年）．「家の人はテレビでニュース番組を見る」などの回答状況を尺度として，調査対象者の数がほぼ3分の1ずつになるように「文化的階層グループ」を設定

図2-3　家庭の文化的背景と学習意欲（中学校）

どもの学習意欲については、①出された宿題はきちんとやる、②自分から進んで勉強する、③勉強はおもしろい、という変数で計測される。

この図からわかることをまとめれば、次のようになる。第一に、三つの変数すべてに関して、上位階層、中位階層、下位階層の順に学習意欲が明確に低下する。文化資本の高い家庭に育った子どもは、宿題はやるし、進んで勉強するし、勉強に関心があるのであり、確実に学習意欲の差がある。ここでの結論を明確に支持しているといえる。

第二に、すべての階層において、「出された宿題はきちんとやる」といった項目の比率が最も高く、逆に「勉強はおもしろい」という項目が最も低い。これらの意味するところは、六割前後という多くの生徒が最低限宿題をきちんとしているが、勉強はおもしろいと感じる生徒はわずか四分の一程度しかいないということである。これは、大半の生徒は勉強を好んでいないことを示しており、もっと勉強させようと教育界が望むなら、宿題を多く出して強制的に勉強させる方策が効果的ではないかとの命題が成立すると推測できる。教育学の分野でこの推測が定説になっているかどうかわからないが、勉強は多くの人にとっては楽しいことではないので、ある程度強制的に子どもに勉強させることが、学力の向上につながるというようにも考えられる。

ついでながら、間接的にせよ文化資本の差が生徒の学習意欲の差につながる証拠を、もう一つ提出しておこう。それは図2-4によるもので、父親の職業と高校生の学校外における学習時間との関係を示したものである。つまり父親の職業を文化資本の代理変数とみなしたものといえる。

この調査をみると、父親の職業水準が高くなればなるほど、生徒の学校外での学習時間も長くなることがわかる。特に父親が専門・管理職である場合、すなわち学歴が高く、かつ技能が高い人の子どもの場合、他のグループの子どもよりもかなり長い時間、勉強に励んでいる。また、父親が農業の場合も、子どもの学習時間はかなり長時間となっている。これは、子どもが農家を継ぐことを意図的にせよ、意図的でないにせよ避けようとして、勉強に励んで別の職業に就こうとしていることの表れなのかもしれない。もっとも、他の理由があるかもしれないが、ここでは立ち入らない。

3　高校、大学に進学する要因の変化

日本の学歴格差、あるいは教育格差は三極化していることはすでに指摘した。それぞれの教育段階（すなわち高卒／短大卒と普通の四大卒／名門大卒）に到達することに注目すると、人はどのような理由や動機で高校や大学に進学し、かつどの専攻科を選択してきたのであろうか。そしてそれらの学校に進学する際に、どのような学校を卒業してからそこに入学したのか、その選抜過程はどうであったか。そうしたことに本節では注目してみよう。

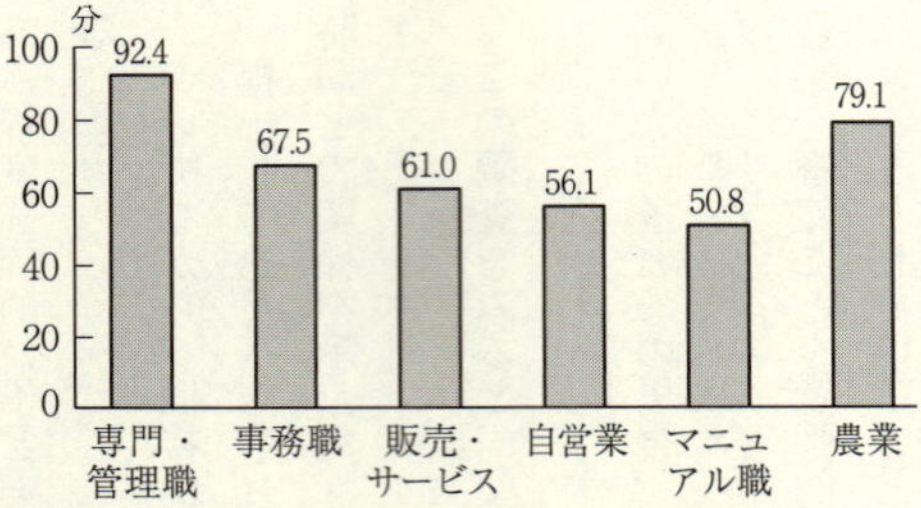

出所：苅谷剛彦『学力と階層』朝日新聞出版，2008年
（注）2つの県の11の公立高校2年生を対象に調査（1997年）

図2–4　父親の職業と学習時間（高校生）

一九七〇年代までの高校進学

戦後の教育制度改革で新制高校が誕生して以来、高校進学率は上昇し続け、一九七〇年代には全入一歩手前の九〇％を超えた。その時代までの高校進学状況はどうであったのか、ここで

簡単にまとめておこう。

第一の特色として、高校での学科別進学に関しては、職業科がかなりのウェイトを占めていたことを再度、確認しておこう。一九五五年から現代までに、高校における普通科、職業科、総合学科などの生徒比率がどのように変遷したかをすでに前章の図1-5(二七ページ)で示した。この図によると、一九五五年から七五年までは普通科の生徒が六〇%前後を占めていたのに対して、職業科は四〇%前後であり、およそ三対二の比率であった。

第二に、約六〇%の普通科に属する生徒は、卒業時に大学進学者と就職者に分かれていた。普通科の生徒の就職も職業科の生徒と同様に、それほど困難ではなかった。この時期の高校生の就職決定は、高校当局を介在とした紹介方式であった。高校側は主として学業成績に立脚した学内選考によって、求人している企業に特定の者を推薦し、多くの場合企業もその者を採用していた。一つの企業に採用が内定した者は、別の企業に応募することはほとんどできなかった。この「一人一社主義」は日本の新卒高校生の就職を特徴づけるものだった。

第三に、高校に入学するときに普通科へ入るのか、あるいは職業科へ入るのかを決定する要因は二つある。一つは家庭の経済状況であり、前者が後者よりも経済的には恵まれている場合が多かった。後者は親の所得がやや低かったので、高校卒業後に就職して、親の経済負担を和らげることを願った。二つめは、中学校での学業成績である。普通科生のほうが職業科生よりもやや学業に優れていた(これらのことは片岡栄美「教育達成におけるメリトクラシーの構造と家族の教育戦略」盛山和夫・原純輔監修『学歴社会と機会格差』現代日本社会階層調査研究資料集3、日本図書センター、二〇〇六年や、中澤渉「戦後高等教育の拡大と高校間格差構造の変容」米澤編『教育達成の構造』で得られている)。

実は後者の認識、すなわち普通科生のほうが職業科生よりも学力が高いという認識は、高校教育において、マイナスの効果をもたらした側面もある。本来ならば勉強が嫌いなために、普通科に進学するよりも技能を身につけることができる職業科に進んだほうが適しているような生徒もいるはずである。しかし、普通科のほうが「優れている」という意識から、親子ともどもなんとか普通科に進学しようとする傾向が高まる。だが普通科に進学できたとしても、結局は学業に向いておらず、中退などに追い込まれるケースはかつても現在もみられる。

第四に、普通科在籍の大学進学組の間では大学進学を目指した競争が当時から激しく行われていた。「受験地獄」という言葉が使われ、レベルの高い大学に進学するには、高校卒業後の一年程度の浪人は別に珍しいことではなかった。二浪、三浪をする者もかなりいた。

当然のことながら大学進学に強い高校と弱い高校の差は歴然としていた。学校間格差は大学のみならず、高校にも明らかに存在していた。大学進学に強い高校に入学できるのは、中学校時代の成績の良い生徒であったことはすでに述べた。高い進学意欲をもつ生徒がレベルの高い高校を目指していたのである。したがって、大学進学のためには、すでに中学校段階から高校入試をめぐる競争として、受験競争がスタートしていたのである。高い学歴を獲得するために、子どもが勉強、受験にせき立てられていたのである(このあたりの事情は、片瀬『夢の行方』で報告されている)。

そうした状況を受け、激しい受験競争が子どもの心身の発達に様々な弊害をもたらしているという批判も社会に拡大し始めた。その批判が、後に「ゆとり教育」を主張する声へと発展していくことになった。そして、一九八〇年代以降、学習指導要領における学習内容の削減が行われ、二〇〇二年には学校完全週五日制の導入や「総合的な学習の時間」を新設するなど、本格的な「ゆとり教育」が実施されることとなった。しかし、こうした「ゆとり教育」は、学力低下を招いたとして批判にさらされ、二〇一一年から実施される学習指導要領では「ゆとり教育」から脱却する方針である。

一九八〇年代以降の高校進学

教育段階に注目して、一九八〇年代以降の変化を特徴づければ次のようになるだろう。まず、高校進学率が九〇%台後半に達して全入時代に向かい、大学進学率もすでにみたように五〇%を超える方向へと進展したことである。このような変化が起きた要因は何であろうか。

第一に、高校における生徒の在籍学科に大きな変化が生じた。再び図1-5(二七ページ)をみてみよう。一九七五年ごろから普通科に在籍する生徒の比率が、六〇%あたりから徐々に上昇し始め、現在ではそれが七〇%を超えている。一九九〇年代に新しく導入された総合学科も、やや普通科に似た性質があるので、普通科の生徒はいまでは八〇%弱にまで達している。この時期に大学進学率が急上昇したことと裏腹の関係にあることはいうまでもない。高校生の大半が、国語、数学、英語、理科、社会などを中心とした科目を勉強する時代なのである。

普通科に在籍する生徒の増加は、当然のことながら職業科に進学する生徒の減少をもたらした。図1-5によると、一九七〇年代以降、職業科の在籍率が四〇%前後から低下し続け、現在では二〇%を切っている。約半分の低下である。このことは、高校教育では手に技術をつける職業教育の役割が大きく低下したことを意味する。

第二に、高校を卒業した生徒の就く職業の種類に大きな変化が起きた。以前であれば高卒者が就く職業は、中堅の事務職・技術職が多く、中卒者が生産工程における技能職や様々な非熟練労働職に従事していた。しかし、時代が進んで中卒者の数が大幅に減少すると、高卒者がそれらの職に就くことになった。その変化を統計で確認しておこう。

図2-5は一九七〇年と二〇〇八年において、高卒者がどのような職業に就いたかを示したものである。四〇年前に高卒者が最も多く就いたのは、三四・三%の事務従事者であったが、

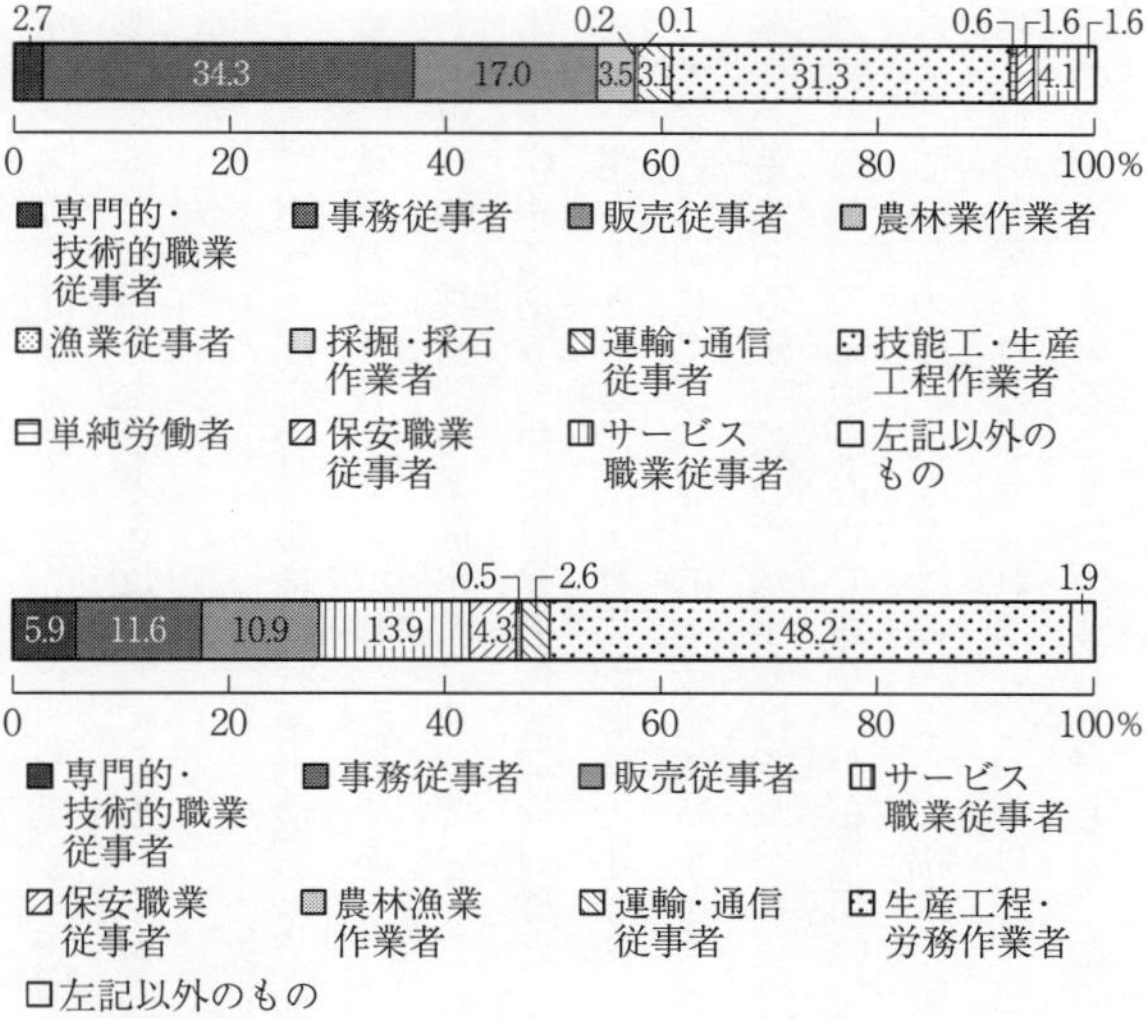

出所：中央教育審議会「キャリア教育・職業教育特別部会」報告書，2010年

図 2-5　高校卒業者の職種別就職者比率（上＝1970年3月，下＝2008年3月）

最近ではそれが一一・六％にまで減少している。一方で、技能工・生産工程作業者は三一・三％であったが、最近ではそれが四八・二％にまで増加している。四〇年前でも約三割の高卒者がこの職に就いていたのは、それらの人の大半が工業高校の卒業生であったからだが、いまでもその性質は変わっていない。生産工程作業者には、いまでは工業科卒以外の者の比率が高まっており、普通科、農業科、情報科など、あらゆる学科の卒業生が進出している。

この四〇年間でやや減少した

高卒生の職業は、一七・〇％から一〇・九％に低下した販売職である。一方やや増加した職業は、サービス職業従事者の一三・九％である。この増加傾向は、日本が製造業中心からサービス産業中心へと変化したことを反映している。これらのサービス職種に多くの高卒者が就く時代になっている。

ここで述べた高卒者の職種別就業の違いを、他の学歴との比較でみておこう。図2-6は学歴別に職業の就業者比率を示したものである。この図によると、高専卒が九〇％を超える比率で、専門的・技術的職業従事者になっていることが目立っている。これは、高等専門学校の大半が工学系であり、中級技術者の養成を目標としていることによる。短大卒は様々な学科から成立しているが、専門的・技術的職業と事務職の二つの合計で八割前後を占めている。

大卒者に関しては、専門的・技術的職業と事務職が一九七〇年では四〇・三％と三一・四％で多少の差があるが、二〇〇八年ではそれぞれ三〇％強の比率で、ほぼ同数となっている。さらに販売職が二〇％強を占めており、かなり高い比率である。四年制大学も様々な学部・学科から成っているので、大卒者はこのように幅広い職種に就いているのである。事務職の比率が意外と低いと思われるかもしれない。一部はサービス職にも就いている。この統計は新卒者の就職のみを扱っていることに留意してほしい。この図には管理職という職種はない。いわゆる事務系として企業に採用されて、企業内でキャリアを積んでから、管理職や経営者に昇進するの

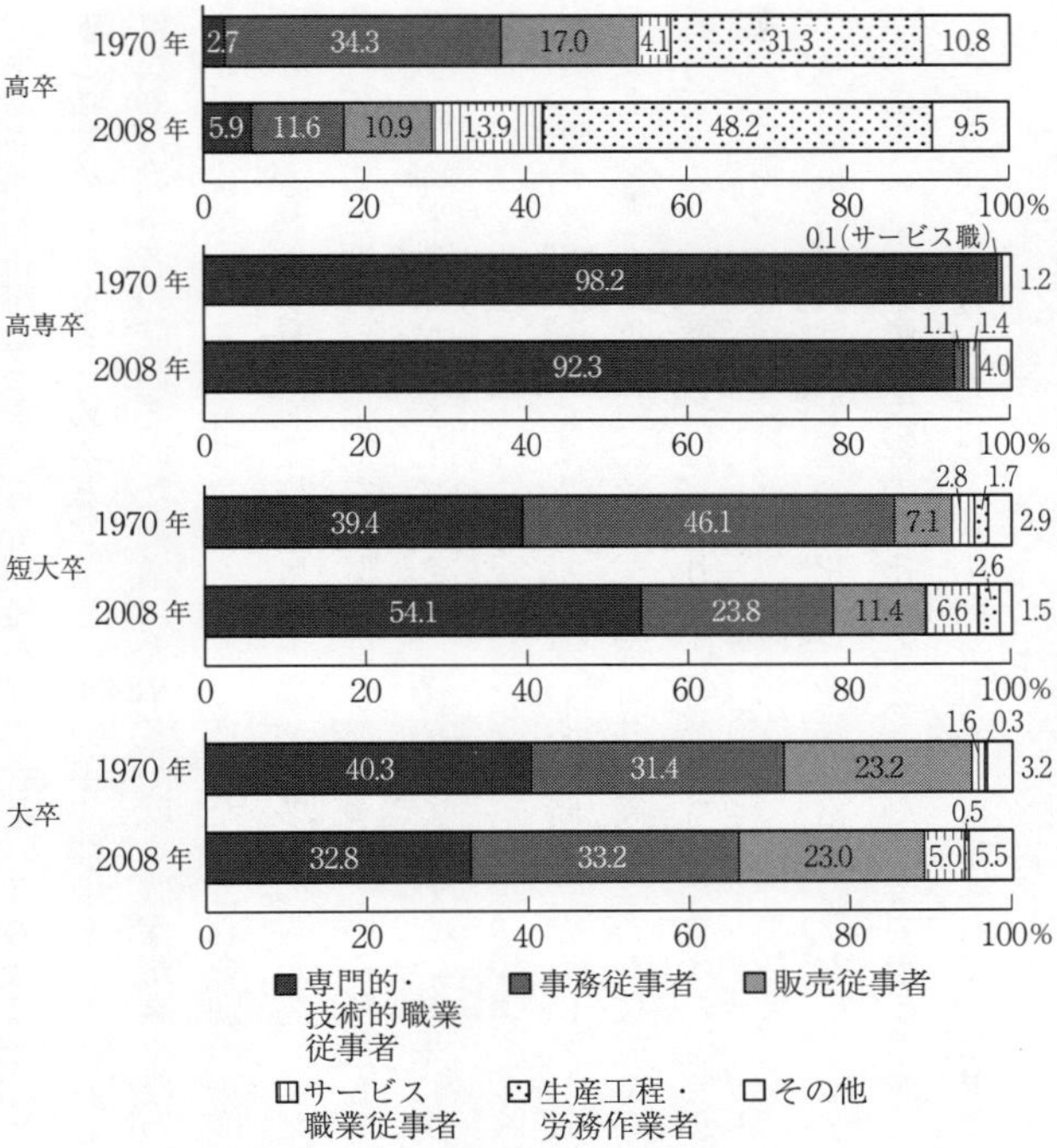

出所：中央教育審議会「キャリア教育・職業教育特別部会」報告書，2010年

図2-6　学歴別新卒者の職種別就職者比率の推移

であるから、新卒のときから管理職や経営者というのはほとんどない。

ここでの分析をまとめると、三〇〜四〇年前に中卒者の就いていた職業に高卒者が就くようになり、高卒者の就いていた職業に大卒者が就く確率が高くなったのである。これは日本が高学歴社会に突入する過程で生じたことであった。これを別の角度からみると、高い学歴を得ることができれば、良い職業に就けると思って多くの人が高い学歴を目指したが、いざ学校を卒業してみると期待したような職業に就けなかったという解釈も可能である。こういう経験をした人は、学校教育に期待していたが、その満たされない結果に失望する場合もあるかもしれない。

もっとも、別の解釈もできる。すなわち、時代とともに同じ職種であっても仕事の内容が複雑化し、難しさが増したために、以前よりも高い学力や技能を必要とするようになったという見方である。言い換えれば、より高い学歴をもった人への需要が社会で高まったということである。

職業従事者における学歴の変化は、労働供給側の学力や学歴が高まったことを要因とするのか、あるいは、労働の内容の変化がもたらした需要要因なのか。どちらの要因が強く作用していたのか。これについては、次の研究課題として、ここでは結論を出さない。

単線型人生における教育成就

戦後の教育を一言で要約すると、かつては職業科の高校で学んで就職する者が相当数いた。しかし、時代が進むと多くの者が高学歴を目指すようになった。そのため、高校は全入時代となって普通科進学が大多数となり、そのうちの半数以上が大学を志望するようになった。こうしたなかで、子も親も、様々な努力を払って、名門度の高い大学を目標とする競争が過熱するようになった。

なぜこのように高い名門校志向、あるいは名門校でなくとも一段でも高いレベルの学校を多数の親子が目指したかといえば、日本ではそれを成就した人が社会で有利な人生を送れると、多くの者が信じていたからである。これを学歴主義、あるいはメリトクラシー（能力主義）制度と呼んでよい。日本ではこうした特色が現在までみられることは否定できない。

学歴主義においては、名門高校↓名門大学↓一流企業ないし中央官庁という人生経路が、最も高い層に焦点を当てた場合の一つの目標であった。もっとも、この一連の流れを達成できる人はかなりの少数派であった。したがって、名門高校や名門大学、一流会社・中央官庁ではなくても、できるだけ高いレベルの高校↓できるだけ高いレベルの大学↓できるだけ高いレベルの企業・役所を目指す風潮が社会に広まった。これを仮に「単線型の人生経路」と呼ぶ。多くの日本人がこの「単線型の人生経路」を目標として、競争するようになったのである。

もちろん、こうした「単線型」ではない人生経路を目標にする人もいる。職業についていえば、会社員や公務員以外にも、当然ながら、様々なものがある。例をあげれば、医者、司法関係者、商人、農家、教員、芸術家、スポーツ選手などである。ただし、こうした職業においても、医者や司法関係者、教員などは、大卒が必要条件なので、やはり高い学歴を必要とし、「単線型」に近づくことになる。

また、本来、高い学歴を必要とする職業に就くことを目標としない場合でも、高い学歴をもつことが人生において自信となるなど、様々なメリットがあれば、やはり高学歴を目指すことになるだろう。

コンプレックスのない人生

自信をもって人生を送ることができるメリットを逆の面からいえば、コンプレックスをもたない人生ということになる。人生においては、コンプレックスをもつことを避けようとする動機が作用することがある。そうした点においては、学歴はコンプレックスの対象となりやすい。

学歴に関するコンプレックスとしては、例えば、結婚を考えてみればわかりやすい。結婚相手を決める際、学歴が様々に影響していることは実感できるであろう。高卒どうし、大卒どうし、あるいは名門大学の卒業者どうしなど、同等の学歴の男女が結婚する場合が多いのは、日本に限らず、あらゆる国でみられる現象である。

学歴があまりに違う場合は、相手に対してコンプレックスを感じることは少なくない。特に日本では、男性が女性よりも学歴が低い場合にはコンプレックスを強く感じる傾向がある。一方、女性の場合には、高学歴・高収入・高身長といった、いわゆる「三高」の男性を結婚相手に求めるなど、積極的に自分より高い学歴を求めるような時代もあった。しかし、現在は、男女間の学歴の差は急速に縮小している。

もっとも、補足しておけば、同学歴の者どうしが結婚する場合が多いのは、学校や職場などにおいて、そうした者どうしが知り合う機会が多いからという理由もあるだろう。とすると、学歴の違いが職業を規定し、そこで同学歴の者どうしが結婚することは、コンプレックスとは別の側面で教育格差の問題を裏づけることになる。

もう一つ、コンプレックスに関する例を示しておこう。すでに述べた親子間の「学歴下降回避説」や「名門度上昇希望仮説」などについてである。子どもの学歴が自分より下になることを避けようとする動機、あるいは、自分以上によい学歴を獲得させようとする動機。ここには、親が学歴で苦労した場合、子どもにはそうした苦労をさせないようにしたいとする動機が働いている場合も多い。つまり、親の学歴コンプレックスが作用している場合である。

以上のように学歴コンプレックスが人の人生において、様々に作用している例をみたが、あえて次のようなことを指摘しておきたい。それは、当然ながら学歴というのは、人の価値基準において一つの変数にすぎないということである。人間には容姿、性格、手先の器用さ、芸術的能力、運動能力、財産、家柄、家族など無数の価値基準があるので、学歴だけで人の価値評価を定めるのは、本来、短絡的なことである。充実した人生を送れるかどうかは、学歴の高低だけで決まるようなものではない。たとえ、低学歴であったとしても、別の価値基準で得意分野を生かせれば、その人なりの充実した人生が得られるはずである。逆に学歴に恵まれているからといって、豊かな人生が送れると考えるのも早計である。

一例を紹介すれば、岡野雅行の『学校の勉強だけではメシは食えない!』(こう書房、二〇〇七年)などは貴重な報告であろう。岡野は小学校卒(国民学校卒)という学歴でありながら、金属プレス加工の世界的な職人として活躍している。従業員数名の小さな町工場の経営者ながら、その高い技術力はNASAなど世界中から注目を集めている。書名からもわかるように、岡野は学校の勉強(すなわち学歴)だけでは学べないことの重要性を主張している。

第3章　学校教育の進展と新たな格差

学校には、当然、公立と私立がある。日本では、大学は私立が一般的であるが、小・中学校では公立が一般的であり、私立はかなり少数である。高校では私立は全体の二割程度となっている。この公立と私立の差が現在、特に義務教育段階に様々な問題をもたらしている場合もある。

この章では、まず学校教育がどのように進展してきたのかを押さえたうえで、公立と私立の間にどのような格差が生じているのか、それがどのような問題をもたらしているのかなどについて考えてみたい。そして、その分析のうえで、社会的地位の高い職業に就くための学歴コース、あるいは、そのために名門大学に入学する学歴過程が、現在、どのようになっているかをみてみよう。

1　教育の目的・方法の変遷

教育の目的には大まかにいって、二つの基本的なものがある。一つは、人が生きていくためには何らかの労働に従事して、所得を稼がねばならない。それを仕事の遂行と理解すると、教育を受けることによって知識と技能を高め、仕事を効率的に行えるようにするということである。もう一つは、人間が社会のなかで生きていくにあたって、法律を犯さないとか、他人に迷惑をかけないなど、社会や他人との接し方を教育から学び、よりよい価値観、社会観や道徳観をもてるようにすることである。この二つの目的のため、人間はどのような教育方法を編み出したのであろうか。

個別教授としての出発

一八世紀までのヨーロッパにおける教育方法や、日本の江戸時代における寺子屋などでの教育方法は、個別教授が原則であった。子ども(生徒)が一人ずつ先生の前にやってきて、一人の教師がそれぞれの子どもを個別に教える方法である。また、社会階級が上の場合、例えばヨーロッパの貴族の家庭などでは家庭教師が雇われ、その子どもを個別に教えていたし、日本の武士の家庭でも、子どもは多くの場合、僧侶などから個別に教えられていた。このように上流階級であっても庶民であっても、教師と生徒の一対一の教育が主流であった。

この個別教授を象徴的に物語る代表的な古典が、教育によって人間が精神的に成長する過程を描いたルソーの『エミール』(一七六二年)である。孤児エミールが田舎に連れていかれて、一人の家庭教師に育てられ、大人になっていく様子を小説風に描いた作品である。「自然にかえれ」という言葉であまりにも有名なルソーであるが、教育には三つの種類があるとした。すなわち「自然の教育」「人間の教育」「事物の教育」であるが、ルソーは当然のごとく「自然の教育」が子どもにとって、最も価値が高いと考えた。知育や徳育を急いで施すのではなく、誇張すれば「教育するな」という言葉で代表されるように、自然に様々なことを体験させながら、感覚として自修自得する方法を理想と考えたのである。ルソーの教育論にあっては学校もなく、具体的な教授方法もなかった。

ルソーの『エミール』に触発されたのが、ドイツの哲学の巨人カントである。カントも具体的な教育方法論を展開したのではなく、教育が自立した人間を育成するために重要である、という教育の本質論を説いた。他人から教えられて行動するのではなく、自らの思考に基づいて意思決定ができるようになるには、教育の果たす役割が大きいと考えたのである。

学校での一斉教授へ

いまみたように、ヨーロッパでも日本でも古い時代は、個別教授による教育方法が主流であったが、その後、学校での教育がみられるようになった。ヨーロッパでは中世や近世に大学が創設され、日本では江戸時代に藩校がつくられるようになり、中等・高等教育のさきがけも行われるようになった。

ヨーロッパでは一九世紀に初等教育、一九世紀後半から二〇世紀にかけて中等・高等教育が普及するようになり、学校教育が本格的に始動することになる。日本では、一八八五年(明治一八年)、明治政府で初代文部大臣に森有礼《ありのり》が就任し、小学校から大学(帝国大学)までを法律で規定したことで本格的な学校教育が始まったといってよい。

学校教育が広く普及・拡大した理由として、教育学的な視点からは、広田照幸『ヒューマニティーズ 教育学』(岩波書店、二〇〇九年)が指摘するように、次の三つがあげられる。①文字文化が普及したことにより、教育がやりやすくなった。②身分社会から階級社会に変容したので、人々は努力や才能によって階級を変えることが可能となり、教育がその役割を担うこととなった。③国民国家が形成されるようになったので、国が学校教育の普及に努めるようになった。これらの理由はヨーロッパを念頭に置いたものであるが、日本での明治時代における教育の整備も、この理由で説明できると理解してよい。

経済学的な視点としては、次のような理由をあげることができる。一八〜一九世紀にはイギリスを先頭にして、ヨーロッパのいくつかの国で産業革命が起きたので、産業の発展に寄与する人材の需要が大きく伸びたことがある。これは技術者や熟練労働者には高い教育水準を、未熟練労働者にも読み・書き・計算などの基礎的学力が要望されたので、国民の多くに教育を施す必要性が高くなったのである。

日本においても、明治時代になって殖産興業が国是となったことにより、経済の発展に貢献する国民を多く養成する必要に迫られることとなった。例えば、森有礼は一八八六年(明治一九年)に「小学校令」で国民に義務教育を準備し、「師範学校令」で無償で学べる機会を与えて優秀な教師の育成を図ろうとしたことは特筆すべきであろう。また「帝国大学令」(一八八六年)では、国の指導者になる人材を育成しようとしたことはいうまでもない。日本においても、国民全員の学力の底上げと、指導者・エリートの育成という二つの目的を達成して、経済を強化することへの期待は大きかった。

教育学的な視点や経済学的な視点以外にも教育が必要とされるようになった背景を考えることはできる。ヨーロッパも日本も市民社会の時代となり、一市民として社会的な生活と、知的な生活を送ることができるように、文学、芸術、歴史、社会、地理、道徳、理科などの知識を吸収することも期待された。これらの諸科目は必ずしも人々が働くうえでの生産性を高めるものではないが、良識ある市民の育成や安定した社会の確保によって、間接的にせよ国家の経済を強化することに貢献したことは間違いない。国家・社会が不安定な状況にあれば、けっして経済発展はないのである。特にここで述べた主張は、フランスの社会学者デュルケームによる『教育と社会学』(一九二二年)に起源を求めてもよい。

このように学校教育が盛んになったことによって生じた大きな特色は、一人の教師が教室で多くの生徒・学生を対象に授業・演習・実験などの指導を行う教授法に変化したことである。これを一斉教授法と称してもよい。多くの生徒をこれまでのような個別教授で教えるとすると、教師の数が非常に多くならざるをえない。教育費用の節約のためにも一人の教師と多数の生徒・学生という教授方式は時代の要請でもあったのである。この一斉教授法は、今日、世界各国で採用されている教育の方法となっている。

教育の思想をめぐって

学校教育が普及すると、どのような手段を用いれば教育がうまくいくかといったことについて、教育の専門家からいくつか考えが示されるようになった。具体的な学校論や教授方法論の提案である。その代表として、広田『ヒューマニティーズ 教育学』に即して、スイスの教育実践家ペスタロッチとドイツの哲学者ヘルバルトの二人を論じておこう。

ペスタロッチは自ら貧しい農民や孤児の教育を実践し、どういう教授法が好ましいかを追究した。子どもの心理的・知的発達に応じるのに最もふさわしい教授法は、生活実感のなかで自ら獲得するものだと考えた。例えば、窓枠を直接見させて、「四角形」という概念を習得させる方法を思い起こせばよい。つまり生活のなかで直接獲得している知識(「直観」と呼ぶ)を概念や言葉の獲得に結びつける方法である。ペスタロッチの有名な『ゲルトルート児童教授法』

（一八〇一年）は、このように「直観」に頼りながら教育する方法を主張した古典的な教育書である。

もう一人はヘルバルトであり、教育学史上、重要な人物であるとされる。子どもの心理の動きに注意を払いながら教える方法を編み出したのである。そして彼の弟子たちが、このヘルバルトの発想を具体的な教授法として発展させた。

例えば五段階教授法、予備→提示→比較→総括→応用というものである。具体的には、「予備」では、教師は面白い図を示したり話をしたりして、これから学ぶ知識をいままでに知っている知識と結びつける準備をする。「提示」では、新しく学ぶべき事項を提示して反復させる。このようにして「予備」から「応用」へと導いていくのである。この五段階教授法は一九世紀の欧米で中心的になり、日本でも導入されて支配的な教育方法となった。

ここで述べたペスタロッチやヘルバルトの教授法は、学校で実践されることを前提としていた。子どもが学校で読み・書き・計算などといった知識を教師から学ぶという方法が主流となったのである。そこでは教科書が用いられるようになり、カリキュラムと教師の役割の重要性が認識された。これらの教育思想は、教育は上から与えるものとする認識を形づくることになった。

この傾向を批判したのは、アメリカの哲学者デューイである。デューイは著書『学校と社会』

(一八九九年)のなかで、教育を、学ぶ側からも考えねばならないと主張した。以前の教育では、子どもは家庭や社会で実生活の体験から学んでいたのであるが、上からの教育ばかりの時代になると、それら家庭や社会での経験や見聞から学ぶ機会を失うことになると危惧を抱いたのである。すなわち、仕事の重要さや働くことの意義を生徒が学べなくなることを嘆き、仕事や作業の諸活動を学校にも取り入れ、木工、料理、実験といった活動を生徒自らが体験する教育方法を主張した。

デューイの批判を別の言葉で述べれば、学校における知育中心の上からの教育に対する批判といえる。教育とは生徒が教師から受身で学ぶだけでなく、生徒自らも能動的に学ぶことが重要であると主張したのである。ペスタロッチやヘルバルトによる上からの教育と、デューイの体験しながら学ぶ教育の差は、現代においても教育方法をめぐる二つの重要な対立点を提供している。

教育の経済学の先駆け

産業革命時に労働者の質を向上させるために、教育の役割が期待されたことについてはすでに述べたが、経済学者がそのことを理論的・実証的に本格的な議論をするようになったのは、第二次世界大戦後に過ぎない。それは「人的資本理論」「スクリーニング理論」として論じられる。もっとも、それ以前でも、他の学問に比して歴史の短い経済学にあっても教育がまったく論じられなかったわけではない。代表的なものは経済学の父と称されるアダム・スミスによる『国富論』(一七七六年)である。スミスは、経済においては政府などが介入せず、市場の取引や生産において自由に任せておくことが、資本主義にとって最もよいと主張した古典派経済思想の始祖である。現代でいう市場原理主義の先駆けともいえる。

一八世紀後半は産業革命の黎明期であり、大半の労働者は単純労働に従事していた。したがって、それらの人々には最低限の教育、すなわち読み・書き・計算ができれば充分という理解から、国民全員に大々的な教育を施す必要性までは主張されなかった。換言すれば、教育によって労働者の生産性が高まるということに関心がなかった。しかしごく一部の有能な人たちが機械の作成や新技術の発明に果たす役割にはスミスも注目して、こうした人々への高度な教育の必要性は頭の中にあったといってよい。

むしろ私はスミスの貢献は、『国富論』以前に出版された『道徳感情論』(一七五九年)において、人間が生産活動を行うに際して、礼儀、秩序、道徳などを兼ね備えていないと、工場や職場といった組織はうまく機能しないと述べたことにあると判断している。すなわち、良好な人間関係が保持されないと、生産活動は効率よく運営されないし、逆に生産活動にとって阻害要因にすらなることがあるというのである。この考え方は現代の企業においても、組織内が硬直化しないためには、人々の良識ある行動、あるいは和を尊ぶ精神が必要と判断されていることからもわかる。さらにスミスは、商取引や貿易取引においても、相手を騙したり不正を働いたりして巨万の富を稼ぐといった不道徳が、社会から排除されなければならないと説いた。スミスが二〇〇年以上も前に、その先駆的な思想を提唱していたことは指摘しておく必要がある。

その後、新古典派経済学の中心に位置するアルフレッド・マーシャルが『経済学原理』(一八九〇年)において、教育投資が人々の生産性を向上させると言及し、教育を受けるのが子どもと若者であることから、それを施す家族の果たす役割が大きいと主張した。もう少し具体的にいえば、労働者には熟練労働者と非熟練労働者の二種類がいるとして、後者の非熟練労働者への教育・訓練を行うことの重要性を説いた。それによって、こうした労働者が低賃金や貧困に悩まなくなり、かえって勤労意欲が高まることに期待した。このことが企業の活力を高め、国の経済も強くなると考えたのである。

ついでながら、マーシャルは今日でいう義務教育の必要性にも言及している。当時はまだすべての子どもに教育が施されていなかったからである。これらマーシャルの考え方は、第二次世界大戦後になって教育の経済学、あるいは人的資本理論が開花する先駆けとなった。

人的資本理論とスクリーニング理論

第二次世界大戦後の人的資本理論、そしてスクリーニング理論は、その考えを主張するセオドア・シュルツ、ゲーリー・ベッカー、マイケル・スペンスなどがノーベル経済学賞を受賞したことでわかるように、経済学のなかでも高い地位を得ることとなった。本書ではこれらの理論を詳しく解説する余裕がないので、ごく簡単に述べるにとどめる(詳細を知りたい人は、例えば小塩隆士『教育の経済分析』日本評論社、二〇〇二年が有用である)。

人的資本理論は、人が学校教育と企業での職業訓練を受けると労働生産性が高まるという事実に注目した考えである。生産性が高くなればその見返りとして高い賃金を受け取ることになるというものである。これを裏返して解釈すれば、もし高い賃金を得たいと希望するなら、教育投資を行わなければ、それが達成できないということになる。

スクリーニング理論は、企業や官公庁が人を採用するとき、あるいは誰を組織内で昇進させるかを決定するとき、候補者の学歴が一つの有力な判断基準となるとみなす、いわば選抜(スクリーニング)の資料としての役割に注目する。例えば、東大出身者であれば、頭が良いだろうとか、受験勉強を熱心にやったということから、努力を惜しまない人だろうと判断する。これらの事実は、その人の職業生活において有利に働く可能性が高い。

このような経済学からの人的資本理論やスクリーニング理論に対して、教育学者からは懐疑的な見方が支配的である。矢野眞和は著書『教育社会の設計』(東京大学出版会、二〇〇一年)のなかで、大半の教育学者が経済学でいう人的資本や教育投資の理論を無視し続けたことを嘆いている。ちなみに矢野は工学部出身で生産・経済活動に理解のある教育学者なので、教育を経済学的に分析することに親近感を覚えるのであろう。逆に、広田『ヒューマニティーズ　教育学』は、財界人やエコノミストが教育は労働者の生産能力を何よりも高める手段とみなしていることを批判している。

こうした考え方の違いをみるにつけ、教育学者と経済学者の深い溝を感じる。教育学からは、人が教育を受けることによって良い職に就き、高い所得を稼得するという事実を重視することに違和感があるようだ。むしろ教育の本質は、人の人間性を高めることにあるという思想に共鳴しているように感じられる。

一方経済学は、経済の活性化を図るために教育投資は有効だということにのみ関心があるのではないかと、教育学からは疑心暗鬼でみられているようである。本来ならば両者ともに重要な要素であるが、同時にそれを達成することは困難なので、どちらかを重視せざるをえないということだろう。

ただし、経済学専攻者にも様々な考えが存在し、教育の差によって所得格差が拡大するということに関しても、いくつかの立場がある。格差が拡大してもかまわないという考え方、あるいは、所得格差それ自体を小さくする政策はいくらでもあるし、それができないなら租税や社会保障などの再分配政策をしっかり実行すればよいとする考え方もある。

もっとも、国民一般の教育水準が高くなることは、その国の平均的な生産性を高めることになるので、グローバルな経済競争のなかで、日本だけ世界から取り残されないためにも教育は重要である。もっとも、広田の危惧するように、競争万能主義に陥ることには私も反対なので、ここでは経済効率と公平性の双方を満たす教育のあり方を探究することが、教育学と経済学の接点ではないかと述べておこう。

2 公立か、私立か

学校には、公立(国立を含む)と私立があることは周知のことである。では、なぜ設立者にこのような二つの種類が存在しているか。どういう人がどちらのタイプを選択しているか。そして、その差が教育効果にどのように出現しているか。本節では、そうした問題意識から、公立と私立の差に注目してみよう。公立と私立という、新たな教育格差が出現している様子がうかがえるだろう。

公共財か私的財か

人はお金を投入して物やサービスを購入・消費するが、これらの物やサービスを大別すると二種類になる。すなわち、公共財と私的財である。私的財とは、自己の資金を支払って購入し、自分が消費するものである。例えば、食料品、衣服、自動車などを考えればわかりやすい。一方公共財とは、人々の拠出した税金を財源として、財とサービスを公共部門が提供するものである。その財を購入・消費する人は不特定多数である。例えば、道路、橋、義務教育の公立校、軍事、外交などを考えればわかりやすい。

ここで公共財における不特定多数の意味するところは、購入する人が誰であるかを想定しない無名性ということである。すなわち、誰が購入してもよいのである。一方、私的財にあっては、特定の人のみが費用を自己負担して購入し、その人のみが満足を得るということである。

世の中には無数の種類の財とサービスがあるが、公共財ともいえず、かといって私的財ともみなせない、両者の中間に位置するものがあり、それを経済学では準公共財と呼ぶ。一人の消費者と公共部門が共同で費用負担する財・サービスであるが、購入者は特定の個人であってよい。わかりやすい例は国立大学である。学費の負担は大学生個人でなされるが、授業料収入だけでは大学の経営は不可能なので、国費が投入されている。

一方、私立大学のほうは、授業料は国立大よりも高いので、私的財の要素が強くなる。しかし私立大や私学の高校には国費による私学助成金が支払われているので、準公共財としての側面もある。国立と私立の間の差は、準公共財としての性質ないし程度の違いにあるといってよい。

ついでにいえば、小・中学校は義務教育なので生徒が学校の運営費用を負担することはない。負担するとしても学用品費、給食費などだけであり、授業料負担はないので、公共財とみなしてよい。しかし、これは公立の小・中学校のみに該当することであり、私立の小・中学校に入学すればかなりの授業料負担があるので、私的財の要素が強くなる。

このように教育を理解すると、公立の小・中学校の教育が公共財であり、高校・大学の教育は準公共財となるのである。そしてそれが私立校となると私的財の色彩がより濃くなる。

公立学校の存在意義

一九世紀になって学校教育が欧米でも日本でも本格化するが、設立主体のほとんどは私学であった。日本においても一八五八年(安政五年)に福沢諭吉によって慶應義塾が開校し、私学のはしりとなった。それ以前にも寺子屋・藩校などがあったが、慶應義塾に意義があるのは学生から授業料を徴収し始めたからである。寺子屋や藩校は篤志家や城主の寄進によって学校が運営されていたのであるが、学校が授業料を徴収するということは、こうした学校における教育がまずは私的財としてスタートしたと理解できる。

教育は私的財ではなく、公共財として提供されねばならないと主張して、公立校の意義を説いたのは、フランス革命期の思想家コンドルセである。「公教育は市民に対する社会の義務である」と述べ、公教育の思想的根拠となった。この思想は明治時代の日本でも開花し、初代文部大臣だった森有礼の大きな功績と私は評価している。すなわち、森は小学校を義務教育化し、学費を無料としたのである。この初等教育の実施が日本を教育国家へと導き、国民の大半に読み・書き・計算といった初等の学識を習得させ、そのことが後の経済発展の基礎となったことは特筆されてよい。

こうした小学校の義務教育制度は第二次世界大戦後も続いた。戦後の教育改革によって新制中学校が新しく創設され、小学校六年・中学校三年の義務教育が現在まで約六〇年にわたっている。公立校による義務教育はうまく機能しているといえよう（もっとも、最近になって、公教育も、学力低下など様々な問題を抱えるようになってはいる）。

戦前においても旧制中学、実業学校、旧制高校、旧制大学などが公立の学校として中等・高等教育を担ってきたが、現在ほどには普及していなかった。しかし当時の中等・高等教育機関は公立校が中心であったのに対して、現在では私立校がかなり大きな役割を果たしていることは指摘しておく必要がある。例えば、今日、大学生の約八〇％は私立大学で学んでいることもそのことを象徴している。

小・中学校は公立、高校・大学は私立

これまで述べたことを別の言葉で特徴づけると、小・中学校の教育は主に公立校でなされており、高校となると私立校の比率が増加し、大学となるとそれがもっと増加する。これが日本における学校教育の特色である。すなわち、義務教育は主に公立で、それより高い教育は私立の役割も重要になるということである。公立校は国民の税金で運営されているので、私学のように独自の建学精神に基づいてユニークな教育を実施することは許されない。公立の小・中学校ではすべての生徒に最低限の学力をつけることが最大の目標となり、これが義務教育の目的に他ならない。したがって、優秀な生徒の学力をますます伸ばすという教育は排除されるし、学校間格差の生じることも排除される。それを確実にするため、一地域(あるいは一学区)一校制(すなわち学区制)がとられているのである。

しかし、義務教育ではない高校や、特に大学にあっては、たとえ国公立でも学校間の格差は容認されている。高校については都道府県によって制度が異なっており、京都府の一部(京都市など)のように厳しい学区制をとる場合もあるし、三〇~四〇年ほど前の東京都のように中学区制の場合もあった。極端な場合には、一つの県内でどこの高校に進学してもよい大学区制

もありうる。学区制の地域・範囲が大きくなれば、多くの学校がその学区に存在することとなり、高校間の格差も大きくなるのは当然である。ついでながら大学は、日本ではどの国公立大学、私立大学にも進学が可能な超大学区制なので、大学間の格差は大きい。しかし、そのことを非難する人はほとんどいない。ほとんどの国で、日本と似た制度を採っている。

ただしドイツは例外である。ドイツは地方分権が進んでおり、教育は国家ではなく州政府が管理している。州の徴収する税金によって、学校が設立されかつ運営されている。したがって大学はほとんどが州立大学であり、州内に住む学生がその州の大学に進学するのが普通である。州内の大学間で少しの格差はあるが、州ごとに大学間の格差が生じないことは容易に想像できよう。

義務教育段階で私立校に通うことの意味

小・中学校における公立校には学区制が採用されている。そのため、その地域に住むいろいろな家庭の生徒が通学することになる。高所得の家庭の子ども、低所得の家庭の子ども、生まれつき能力の高い子ども、そうではない子どもなど、多種多様の子どもが生徒として集まっている。したがって、一部の生徒だけに質の高い教育を行うことはできない。逆に学力の低い生徒だけに特別な教育を行うことも容易ではない。私はこのような公立校の性格は悪いことではないと判断している。

なぜなら、小・中学校の段階では、世の中には金持ちの子どもと貧しい家庭の子どもも、あるいは学力の高い子とそうではない子、おとなしい性格の子と活発で元気な子、身体の強い子と弱い子など多種多様な級友のなかで育つことは、人間社会の縮図を子どものころから体験することであり、それは子どもの人間形成にとっては貴重な体験となると思うからである。もし富裕層の子どもだけしか級友にいない小学校であれば、世の中に貧しい人がいるということに想像力が及ばなくなることも考えられる。

大人になれば誰でも、世の中に貧しい人がいることに当然気づくことになる。だから、子どものときから気づかせる必要はないという反論もあるだろう。しかし、子どものときに直接体験したほうがはるかにインパクトは強く、現実味をもって受け入れられるであろう。頭の良い子とそうではない子の共同体験も同様に、子どもの時期には貴重な経験となるであろう。

しかし、そうした公立校のメリットに関心をもたない家庭も増えてきている。小学校から私学に通わせたり、中学校からは国立・私立の中・高一貫校の人気があることで示されるように、私学に通う生徒が増加中である。図3-1の国立・私立中学校在学率の推移をみれば、最近において国立と私立の中学校に通う生徒の比率が急上昇していることがわかる。国立中学の比率は小さいので、この図の大半は私立中学とみなしてよい。公立の小・中学校に通うなら学費は無償であるが、私立の小学校であれば高いところで授業料が年額一〇〇万円以上、私立の中学校でも五〇～七〇万円であり、経済計算だけからすると私立よりも公立に通うほうが合理的である。にもかかわらず、なぜ私立校に通う生徒が存在し、また増加しているのだろうか。

一般論として考えるなら、公立校への不満が強いということと、私立校に子どもを通学させることの可能な所得の高い家庭が存在するということである（詳しくは橘木・松浦『学歴格差の経済学』）。前者に関しては、公立校での学力低下、いじめ、不登校といった問題の横行などが頻繁に報道されるようになり、親の心配が増したことなどが背景にある。後者に関しては、所得の高い家庭、特に年収が一〇〇〇万円を超えている家庭の子どもが私立校、特に私立の小学校に通う傾向があることがわかっている。

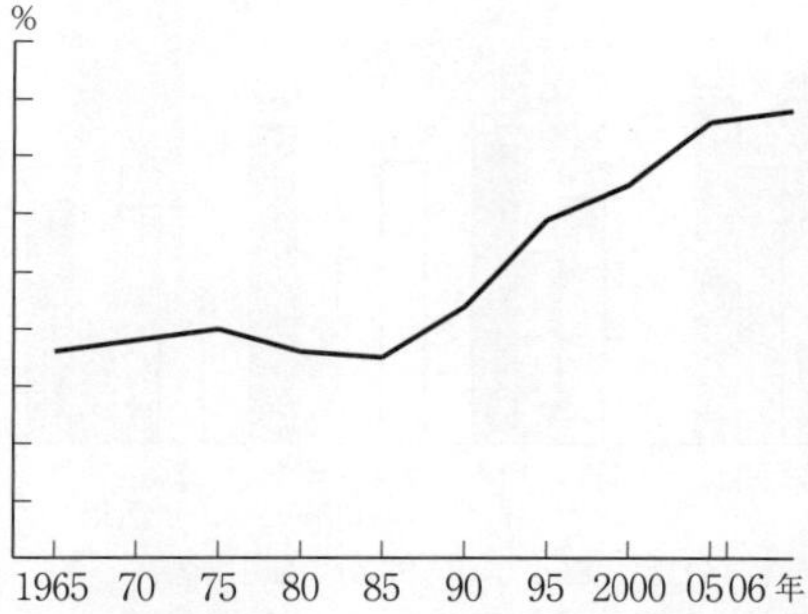

出所：文部科学省「学校基本調査」，西丸良一「国・私立中学校の学歴達成効果」米澤彰純編『教育達成の構造』2005年SSM調査研究会，2008年

図3–1　国立・私立中学校在学率の推移

私立の小・中学校について考察するには、次の二つの種類の学校があることを理解する必要がある。①私立大学の併設校として、小学校から大学までの一貫校制度のなかに位置づけられており、

小学校で入学した生徒の多くが大学までその学校に通学する。代表校として慶應義塾がある。慶應以外にも東京では青山学院、成城学園、学習院などの小学校があり、関西では関関同立（関西大、関西学院大、同志社大、立命館大）の附属小学校がある。②中学・高校の一貫校として、名門大学への進学を売りにする私立校がある。代表校として、東京では開成、麻布などがあり、関西では灘などがある。

公立と私立の学力差

義務教育段階において、公立校と私立校の間で生徒に学力差はあるのだろうか。二〇〇七年から〇九年において、全国の小・中学生全員を対象にして「全国学力テスト」が実施された。その成績の結果を学校主体別に示したのが図3-2である。国語と算数・数学という基本科目について、平均得点を示している。この図で明確なことは、私立の小・中学生の成績のほうが、公立の生徒よりもかなり高いことである。特に中学生に関しては、

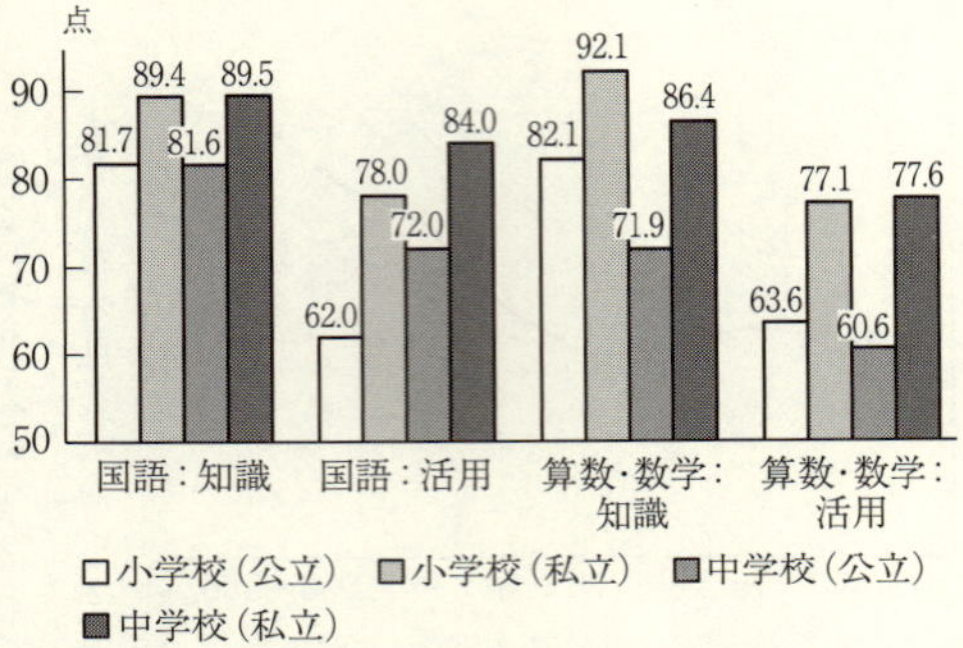

図 3-2　全国学力テストの公私別の小・中学校における平均得点

小学生の場合よりも、私立の公立に対する成績の優位が目立っている。

私立が公立よりも学力の高い理由を説明することは困難ではない。第一に、私立校の場合には試験で入学者を選抜しているのに対して、公立の場合はその学区に住むすべての生徒を入学させているからである。第二に、第2章で示したように、家庭の所得格差が子どもの学力差にも影響を与えており、学費のかなりかかる私学に通うことのできる子どもは経済的に豊かなので、私立校の生徒の学力は結果として高くなる。第三に、特に中学生に関しては、中・高一貫の進学校の生徒は本人の能力の高さに加えて、塾や家庭教師などの学校外教育を入学前や在学中にも受けている場合が多く、そのために学力がかなり高い。それらの生徒の高い学力が、私立中学校の平均点を上げているのであろう。

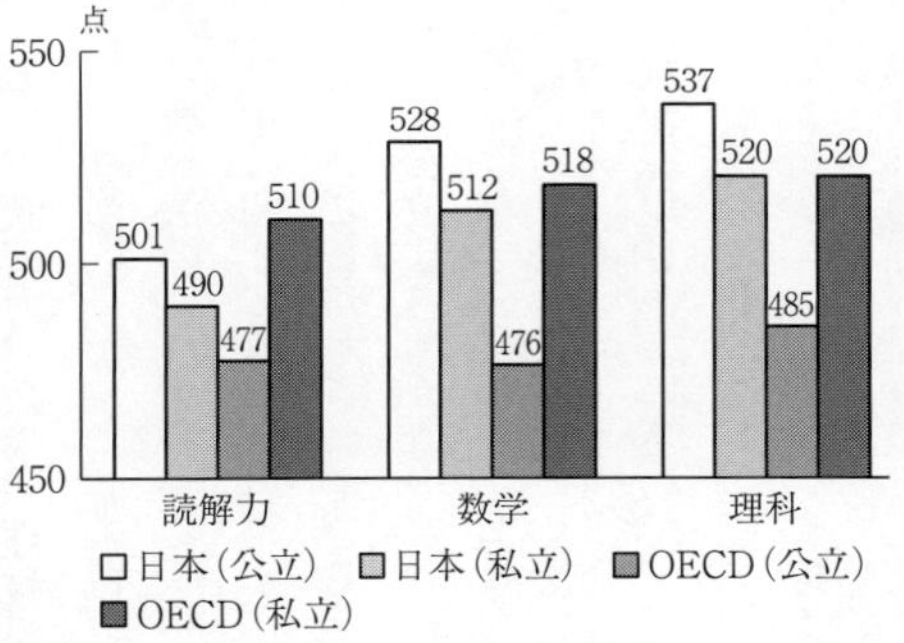

図3-3　PISA 2006の公私別の高校における得点

ところが高校の段階となると、まったく異なった現象が出現する。それは公立高校の生徒の学力のほうが、私立高校のそれよりも高いという事実である。図3-3は、PISA（OECD加盟国の生徒に対する学習到達度調査）をもとに、読解力、数学、理科の三教科に関して、日本およびＯＥＣＤ（経済協力開発機構、先進諸国が加盟する国際機関）加盟国全体における公立校と私立校とを比較したものである。この図から興味深いことがわかる。

日本に関しては、三教科すべてにおいて、公立高校の生徒の得点が私立高校の生徒のそれよりも高いことが示されている。しかし両者の得点差はそれほど大きくはなく、小・中学生では私立が公立よりもかなり高かったことと比較すれば、その差は小さいのである。とはいえ、高校生ではなぜ公立が私立よりもやや学力が高いのであろうか。

第一に、公立高校にあっては小学区制が排除されて、ほとんどの都道府県で中学区制や大学区制が採用されているので、高校間での学校間格差があり、質の高い生徒が優秀校に集まることになる。すなわち、全国で評価すれば、優秀な生徒が公立進学を目指すのであり、中・高一貫校の質の高い私立高校は東京圏や関西圏に目立つだけである。第二に、私立高校よりも公立高校のほうが学費が安いので、多くの生徒はできるだけ公立高校を目指す。しかし公立高校が受け入れることのできる定員数には限界があるので、公立高校の入試に失敗した生徒が、私立高校に流れるという場合も少なくない。そのため、私立高校で学ぶ生徒の学力は公立高校の生徒よりも相対的に低くなる。

以上のようなことを別の視点で述べれば、高校ともなれば公立も私立も学校間格差が顕著になるということである。優秀な生徒を集めている公立高校、私立高校が存在しているし、そうではない公立高校、私立高校も存在しているのである。その原因は、公立高校においてごく一部の府県を除いて、小学区制が撤廃されていることと、高校は進学率が九五％を超えているとはいえまだ義務教育ではないので、入学試験の実施が容認されていることによる。そして公立、私立ともに質の高い高校では、できるだけ名門大学に多くの生徒を送ることが目標となっている。

図3-3に関して興味のあることは、日本とOECD諸国を比較した場合、公立高校と私立高校の学力差が逆転していることである。すなわち、日本では公立が私立よりやや高かったが、OECD諸国では私立が公立よりもかなり高くなっている。OECDには様々な国が加盟しているので、公立と私立の差を一概に語るのは困難である。でも、イギリスのパブリック・スクール、アメリカのボーディング・スクールなどといった名門校は私立なので、私立のほうが公立よりも高いことを説明する一因となる。しかし、フランスでの名門リセ(中等教育機関)などは公立が多いので、アメリカ、イギリスとは逆である。これら名門校については、拙著『灘校』などでも詳しく論じたので、諸外国との比較はこれ以上述べないことにする。

最後は大学における国公立と私立間の学力差である。大学生となると専攻科目、例えば法律、経済、工学、農学、医学などのような数多くの専攻科目があるので、学力の比較は不可能に近いし、たとえ専攻科目を共通にしても学生の学力を比較可能にする統計資料は存在しない。とはいえ、間接的に大学生の学力を知る方法はある。一つは、入学試験の難易度から類推する方法である。もう一つは、卒業生が共通の国家試験(例えば司法試験や医師国家試験)を受験したときの結果である。

前者に関しては、受験生の最大関心事である偏差値というものがあり、大学・学部別に入学難易度が示されているので、おおよその見当がつく。もっとも、厳密にいえば、学部別の難易度の違い、入試科目数や科目そのものの違いなどがあり、学力差を正確に測定することは不可能に近い。したがって、ここでは一般的な考察を述べておくにとどめておこう。

すなわち、東大や京大などの旧帝大と一橋大や東工大など一部の国立大の学生の学力はかなり高く、他の国立大も平均的には学力が高い。公立大も一般の国立大並みに高い。その理由は、歴史を誇る伝統大学が多いことや、学費が私立大より安いので志望者が多く集まり、そのため入学試験のレベルが高くなることなどによる。

一方、私立大学は、早稲田、慶應、上智の三大学を筆頭にした入学が困難な大学から、全入に近い大学までを含んでいるので、学力の格差は大学間で非常に大きくなる。以上をごく大まかにまとめれば、学力の順序としては国立、公立、私立となるが、大学や学部によってかなり例外が多いということになろう。

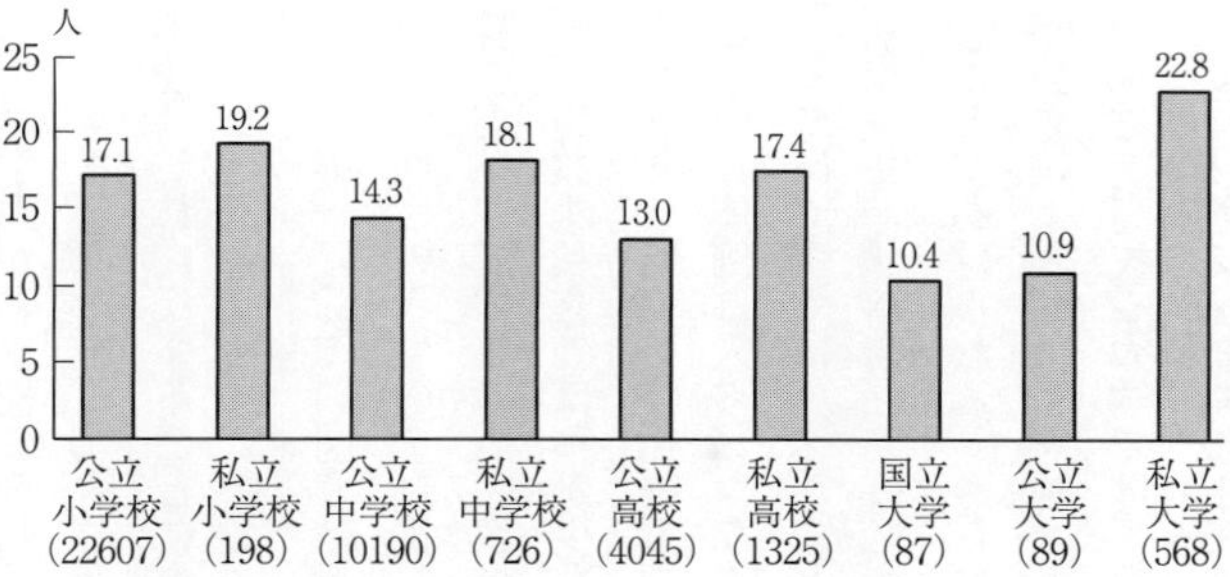

出所：文部科学省「学校基本調査」より作成

図 3-4　教員比（教員 1 人あたりの生徒・学生数）

学力差の要因は何か――教員数の違いからみる

すでにみてきたように、学力に関して、小・中学校では私立が公立よりも高く、高校や大学ではそれが逆転している。その性質を決める一つの理由として、教員比（すなわち教員一人あたりの生徒・学生数）が有効かどうかを調べてみよう。教員一人あたりの生徒・学生数が少なければ、一つの教室での教育がより細やかに行われていると予想できるので、生徒の学力も高くなるだろうという仮説が考えられるからである。

公立と私立とで教員比がどう異なるかを示したのが図3-4である。この図によると、小学校、中学校、高校、大学というすべての学校において、公立校のほうが私立校より教員比の少ないことがわかる。すなわち、一教員あたりの生徒・学生数では、公立が私立より少ないのである。すでに述べた仮説が正しければ、公立校の生徒・

学生の学力が私立校のそれよりも高いということが想定できる。先に示した図3-2、図3-3の教えるところを吟味すると、この想定に合致するのは、高校と大学だけであり、小学校と中学校はこれに反することになる。

なぜ小学校と中学校では、教員の効果が逆に出ているのだろうか。いろいろな理由が考えられる。第一に、この図では教員の質というものを考慮していない。換言すれば、教員の教え方の効率性というものを無視しているので、限界のあることは否定できない。私立校では高い給料を支払って、質の高い教員を確保している可能性がある。あるいは教員一人あたりの授業の持ち駒数が私立のほうが少ないだろうし、特定の科目を教えることが得意な教員をうまく配置して、その科目の学力を私立校で高めていることもあるかもしれない。これらのことを証明するには具体例に入らねばならないので、ここではそこまで踏み込まず、次の課題としておく。

第二に、すでに述べたことであるが、公立の小・中学校は学区制なので、様々な能力・学力をもつ生徒がいるが、私立は入学試験による選抜があるので、平均すると生徒の質が高いということがあげられる。さらに私立校の生徒は大学進学という目的をもった人が多いので、生徒が公立校よりもよく勉強するということもある。

一方、高校や大学では、教員比の少ない公立高校の学力が高いことは教育が効率的に行われているとする仮説の支持といえるが、生徒の質と勉学意欲のことも公立高校の学力を高めている有力な理由であることを改めて指摘しておこう。ここで述べたことは、大なり小なり大学における公立・私立間の学力差を説明することになりうる。

では、教員比で優位に立っている公立小・中学校で、学力の低い生徒をどうすればよいかという政策が課題となってくる。能力・学力の高くない生徒を多く抱える公立校ならば、もっと投入する教員の人数を増やして、教員一人あたりの生徒数をさらに少なくし、教育の質を高めることが考えられる。あるいは、それらの生徒を別枠で特別に教育することも考えられる。これらは、公的な教育費をもっと公立校に支出する案である。

学力の遅れている生徒を特別な別枠で教育する方法は、習熟度別教育の実行といってよい。日本の教育界は日教組などを中心にして、飛び級や落第を含めた習熟度別教育には根強い反対がある。子どもを学業成績で区別して扱うのは、平等の精神に反するとの意向が強いのである。

しかし、アメリカの政治学者ジョン・ローマーはマルクス主義者でありながら、学力の低い子を特別に徹底して教えることは、「教育の機会平等」の精神に合致すると主張しており、ある意味、合理的な考え方ではある。学力の低い子の学力が高くなることは本人にとって意義があるだろう。ただし、能力・学力の低い子が屈辱を感じないような手立てを講じることは必要であり、その点では実行において難しさがともなう。したがって、やはり実際には慎重にならざるをえないのであろう。

中・高一貫校

小・中学校において私立校の生徒が公立校の生徒より学力の高いことを説明する有力な論拠として、私立の中・高一貫校の進出があげられる。図3-1(一〇五ページ)でみたように、四〇年ほど前に比して国立・私立の中学校に在籍する生徒は、近年二倍以上も伸びている。国立中学は公立校の範囲に属するので私立中学と異なるが、その生徒数は私立中学よりはるかに少ないので、ここでは私立の中・高一貫校を主として論じる。

表3-1　東京大学に学生を送った高校(上位10校)

1960年		1980年		2010年	
日比谷	141人	灘	131人	開成	168人
戸山	120	開成	129	灘	102
西	100	筑大駒	107	筑大駒	93
新宿	91	麻布	106	麻布	84
小石川	83	ラサール	104	桜蔭	66
教大附	58	学芸大附	100	聖光学院	65
両国	56	武蔵	77	駒場東邦	61
麻布	43	筑大附	74	栄光	57
灘	38	湘南	67	海城	49
開成	37	浦和	58	渋谷幕張	47

なぜ私立の中・高一貫校にいく比率が高まったのだろうか。大きな理由は、大学進学の実績で高い成果を示したことで、人気が高まったからである。そのことを、日本で最も入学するのが難しい東京大学の入学者実績で確かめよう。表3-1は、過去五〇年間における入学者を、出身高校別に示したものである。一九六〇年をみると、都立高校が上位を占めていたことがわかる。同様に麻布、灘、開成の私立高校もある程度の卒業生を東大に送っていた。

ところが一九八〇年になると大きな変化が現れる。灘、開成、麻布が上位を占めるようになり、他の私立高校も上位に顔をみせるようになった。国立大附属高校(筑波大附属駒場、学芸大附属など)もかなりの上位なので、ここでは国立・私立の中・高一貫校が東大合格者を占めていると結論づけられる。なお今日でも、その様相は保持されている。東大のみならず、他の名門大学でも同様に、国立・私立の中・高一貫校が大学入試で高い実績をあげている。

このように国立・私立の中・高一貫校が高い実績をあげるようになった要因として、次のようなことが考えられる。すなわち、いくつかの都道府県では、高校間の格差を是正するために公立高校において総合選抜制が導入されていた。その代表例は、一九六七年(昭和四二年)に東京都で導入された学校群制度である。これは、いくつかの学校を組み合わせて「群」をつくり、受験生に学校群単位で志望させ、合格者をその郡の学校の学力が平均化するように各校に振り分ける制度である。この制度のもとでは、公立高校に進学する場合、自分の志望する高校に必ずしも入学できないことを意味する。そのため、質の高い国立・私立の高校へ志望が高まることは不可避となる。こうした国立・私立高校は中学校を併設校として備えているので、中学校からこれらの学校に入学を希望する生徒も増加することになる。

中・高一貫校の中学で入試が難しくなれば、学力の高い生徒が入学してくる。そして、質の高い教育を施すことによって、生徒の学力がますます伸びることになる。さらに、これらの一貫校の入試に備えて、多くの生徒が塾などの学校外教育を受けていることの効果も見逃せない。学校外教育を受けることで、学校での教科の理解がより確実になる。また、学校外教育では、学校で教えないような高レベルの知識をも学ぶ。そのようにすれば、学校外教育を受けていない生徒よりも学力が高くなることは確実である。

高まる学校外教育の存在感

そこで学習塾や家庭教師といった学校外教育の意味をもう少し詳しくみてみよう。まず小・中・高校生がどの程度学校外教育を受けているかを確認しておこう。図3-5は、家計における学校外教育費支出の変化を示したものである。具体的には、家計における教育費総額のうち、学校外教育費の占める比率の変化を示したものである。この図によると、一九八〇年代の半ばから現在まで、その比率が微増していることがわかる。しかし、公立高校の場合は、二〇〇〇年以降やや減少している。

この図で興味深いのは、公立の小学生の学校外教育費比率が五〇~七〇%に達しており、最も高くなっていることである。厳密にいえば、この数値にはピアノや水泳などの習い事も含まれているので、必ずしも学習塾などの費用ばかりではない。しかし実際には、小学生の学校外教育費支出には、中学受験の準備のために塾などに通う費用が多いということを示しているのである。
私は拙著『灘校』のなかで、私立進学校として著名な灘高校（兵庫県神戸市）の生徒を調査したところ、在校生の全員（すなわち一〇〇%）が入学前に学習塾に通っていたという結果を得た。

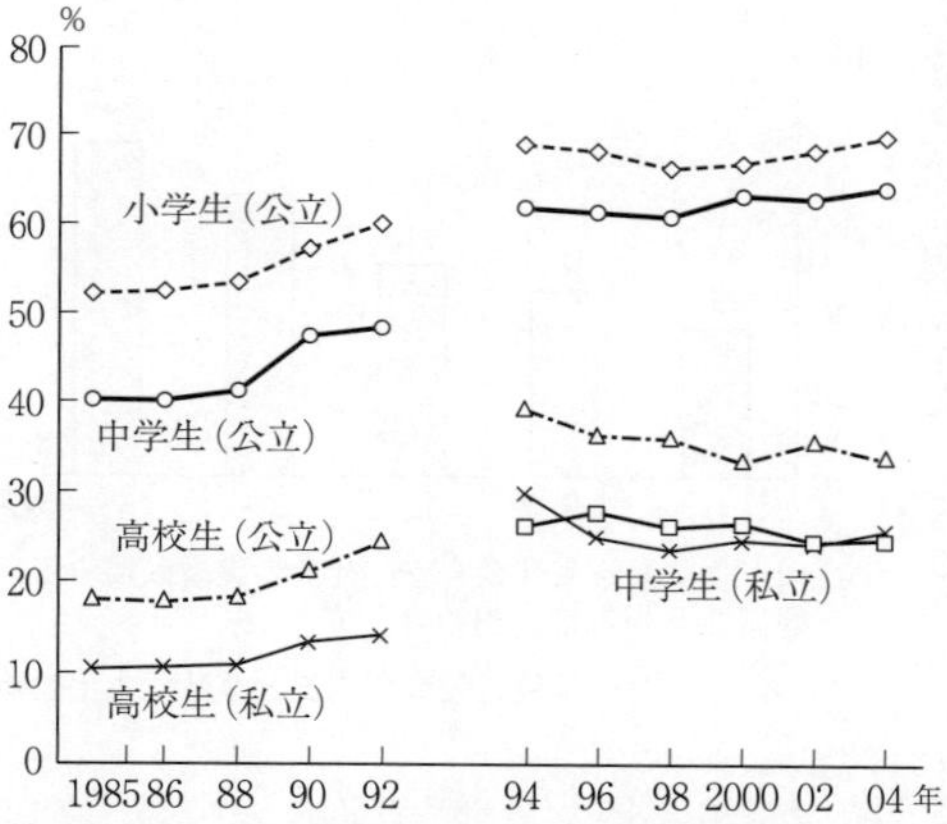

出所：文部省「保護者が支出した教育費調査」(1985–92 年)，文部科学省「子どもの学習費調査」(1994–2004 年)．都村聞人「家計の学校外教育に影響を及ぼす要因の変化」中村高康編『階層社会の中の教育現象』2005 年 SSM 調査研究会，2008 年
(注)「子どもの学習費調査」は「保護者が支出した教育費調査」の後継調査，中学生(私立)のデータは「子どもの学習費調査」のみ

図 3–5　家計の教育費総額に占める学校外教育費の割合

国立・私立の中・高一貫校への入学に備えて、塾などに通うのは常識であるということを受験関係者から聞いたことがあり、その意味では、驚くべき発見ではないのかもしれない。

公立の小学生に次いで学校外教育費の比率の高いのは、公立の中学生である。この生徒たちは高校進学に向けての受験準備として、学習塾や家庭教師という学校外教育を受けているのである。さすがに高校生となると、公立・私立ともに学校外教育費の比率は下降するが、それでも無視できない数値である。高校生もかなりの生徒が学校外教育を受けていることを示している。ちなみに灘高校の場合には、生徒の八割弱が、塾や予備校という学校外教育を受けていることが示されている。大学受験の熾烈な競争の様子を改めて認識させられる。

　では、塾通いにお金をかけることは、子どもの学力向上に役立っているのであろうか。これを示すのが図3-6である。塾代などの学校外教育費を一カ月間に支払った額と、学力の高さ(ここでは小学六年生の算数のテストの点数)についての関係を示したものである。学校外教育費がゼロ(すなわち塾に通っていない生徒)の得点が三五・三点であるのに対して、一万円未満、一万円以上、三万円以上、五万円以上と学校外教育費支出が増加するにつれて、得点は上昇している。五万円以上の支出では七八・四点となっており、学力は支出ゼロの二倍以上に伸びている。塾などの学校外教育費支出が大きいほど、生徒の学力の伸びへの効果も大きいということ

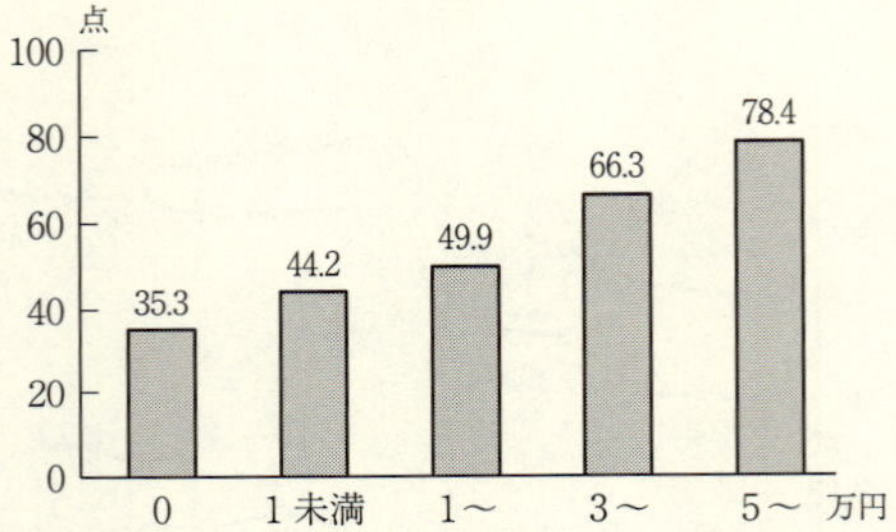

出所：文部科学省「教育安心社会の実現に関する懇談会」報告書，2009年

図3-6　1カ月の学校外教育費支出と算数学力平均値

が顕著に表れているといえる。ただし、塾に通う生徒の能力がもともと高いという可能性も考慮に入れておく必要はあるだろう。

塾などの学校外教育費支出が、家庭の所得額に比例して高くなることは、多くの人が予想できる自明のことである。例えば、経済産業省経済産業政策局で発表された苅谷剛彦の資料によると、所得・学歴・社会的地位によって親の階層を三つに区分した場合、小学五年生、六年生の生徒が塾通いする確率は次のようになる。すなわち、階層下位が三六・一％、階層中位が四七・〇％、階層上位が五〇・八％である。所得を含めた親の社会階層が高いほど、通塾率も高いことがよくわかる。

しかし、この調査で興味深いのは、中位の階層は上位の階層よりもやや低いに過ぎないということである。これら中位の家庭は、頑張って子どもに塾通いさせており、子どもの教育に熱心な様子がうかがえる。下位の階層ではかなり通塾率は下がるが、それでも三割を超えている。この階層でも、子どもに学校外での高い教育を施すべく努めているのである。

ここまでの議論をまとめれば、次のようになる。所得の高い家計ほど子どもが学習塾などの学校外教育を受けている確率が高まるので、それらの子どもの学力がより高くなる。この論法の意味するところは、家計の所得(すなわち親の所得)が高ければ高いほど、子どもの学力が高まるという事実をうまく説明する有力な論拠になる。

地域間学力差が注目されていた時代

現代における教育格差の問題は、ここまで述べてきたように、親ないし家庭の所得格差が生徒の学力に与える影響、そしてそれにともなう大学進学率の差、公立校・私立校間の学力差などを論点としてきた。しかし実は、戦前、あるいは戦後一九六〇年代ごろまでは、地域間の学力格差が大きな問題としてとらえられていた。

日本では、東京、愛知、大阪といった関東、東海、関西のような大都市圏と、それ以外の地方圏との間に大きな学力差があった。一九六一年に全国一斉学力調査が中学二年生と三年生を対象に実施された。この調査の結果については、同じく苅谷による『教育と平等』(中公新書、二〇〇九年)のなかで詳細な報告がなされている。それによると、都道府県名は明らかにされていないが、都道府県によって平均学力差の大きいことが報告されている。例えば表3-2で示されるように、最高の平均点を示した県と最低の平均点を示した県の差は、一六点から二二点に達しており、かなりの学力差といえる。そしてこの都道府県別の大きな学力差を生じさせている理由は、家庭の経済条件、学校の設備、教員の数や質などの差に起因しているとされ

表 3-2 都道府県別にみた中学生学力調査の平均点の最高と最低の格差

	国語	社会	数学	理科	英語
第2学年	20点	18点	22点	18点	18点
第3学年	22	18	22	16	20

出所：苅谷剛彦『教育と平等――大衆教育社会はいかに生成したか』中公新書，2009年

た。端的にいえば、裕福な県（都・道・府）とそうではない県との間に大きな学力差が存在したということである。

この大きな地域間学力差は大問題とみなされ、それを是正する取り組みが文部行政の大きな課題となった。そして、いくつかの政策措置がとられることになった。例えば、都道府県による教育費の格差を小さくするために義務教育費国庫負担制度が導入されたり、教員定数の改善や教員の広域人事（優秀な教員を「僻地」に派遣するなど）などが実施された。苅谷も評価するように、この是正策はかなりの成功を収めたのである。

一九六一年に開始された全国一斉学力調査は、当時、教育界で強い影響力をもっていた日教組の反対などもあって、一九六五年を最後に中止されることになった。その当時、文部省と日教組の対立はピークに達していた。日教組が反対していた理由は、①人材を望む経済界の要望に応えることはしない、②生徒に学力差のあることはわかっているので、あらためてテストで調査する必要はない、③教員の勤務評定の資料に使われる心配がある、といったことであった。

その後、日教組の影響力が弱まったことや、学力低下を懸念する声の後押しなどもあり、二〇〇七年より再び全国学力テストが実施されたことは記憶に新しい。苅谷は一九六〇年代と現代のテスト結果を比較して、次のような結果を得た（『教育と平等』）。県の財政力、つまり一人あたり県民所得で表現される地域の経済力と生徒の平均学力との相関は、六〇年代では高かっ

表 3-3　2008 年度全国学力テストの都道府県別順位（上位 10 と下位 10）

	都道府県	総合点	順位		都道府県	総合点	順位
上位10	秋田	547.1	1	下位10	沖縄	423.8	47
	福井	539.1	2		高知	455.3	46
	富山	524.3	3		北海道	458.9	45
	石川	512.0	4		大阪	462.2	44
	青森	509.0	5		岡山	472.6	43
	香川	508.4	6		福岡	474.5	42
	山形	503.6	7		和歌山	475.3	41
	岐阜	501.5	8		大分	475.4	40
	静岡	500.3	9		滋賀	475.6	38
	東京	498.9	10		三重	475.6	38

（注）全国学力テストは，小学 6 年生と中学 3 年生の全教科の平均正答率を合算した結果である

たが、現代ではほとんどみられない。これを別の表から確認しておこう。表3-3は、二〇〇八年の全国学力テストの結果について、上位と下位の一〇都道府県をそれぞれ示したものである。これをみればわかるように、今日では、裕福な県でも平均学力の低いところ（例えば大阪府、福岡県）があり、比較的裕福ではない県でも学力の高いところ（例えば秋田県、青森県）が存在するのである。

もっとも、学力の低い県には、沖縄県など貧困率の高い県も含まれていることも事実である。また、逆に高い県では、教育費支出が高かったり、県をあげて教育に熱心であったり、様々な工夫を教育現場で行ったりしている。代表例としては、秋田県が子どもたちの教育に熱心に取り組んでいることが知られている。秋田県に続いて平均学力が高いのは、福井、富山、石川などの北陸三県で

ある。青森県も加えた上位五県は、本書で示したような大学受験の実績を誇るような私立小・中学校があるわけではないし、学力の向上に寄与する塾なども目立って存在するわけでもない。したがって、これらの県の学力が高いのは、学校教育の質が高いことによると考えられるが、それ以外の理由が潜んでいるかもしれない。

貧困が学力向上を妨げる

深刻な学力格差問題は、むしろ東京や大阪といった大都市に存在するといったほうがよい。これらの大都市には一部に深刻な貧困問題を抱えた地域があり、そこに住む子どもの学力が非常に低くなる傾向にあるからである。経済的な理由で市区町村から給食費、学用品費、修学旅行費などの「就学援助」を受けた義務教育の小・中学生の数は大都市において急増している。生活保護世帯に準ずると判断される「準要保護世帯」の児童・生徒数比率でも、一位が大阪府の二七・九%、二位が東京都の二四・八%という高さである(文部科学省二〇〇四年調査)。

こうした問題に関連して、尾木直樹による『新・学歴社会がはじまる――分断される子どもたち』(青灯社、二〇〇六年)では、東京二三区内において、就学援助金受給率が四〇%に達する高い区では小・中学生ともに学力が最下位に近く、一方それが一ケタと低い区では学力が高いことが示されている。表3-4は、東京二三区を一人あたりの給与所得が高い順に並べ、各区

表 3-4　東京 23 区 1 人あたり給与所得と学力順位

地区	総人員	1人あたり（千円）	指数	学力順位（小学校）
総数	3,141,432	4,234	100.0	23
港区	70,082	7,151	168.9	7
千代田区	16,130	6,122	144.6	2
渋谷区	81,699	5,986	141.4	6
文京区	69,612	5,288	124.9	1
目黒区	103,379	5,125	121.0	3
中央区	37,692	4,961	117.2	5
世田谷区	316,269	4,892	115.5	8
新宿区	105,385	4,638	109.5	11
杉並区	200,080	4,555	107.6	4
練馬区	242,342	4,203	99.3	13
品川区	137,133	4,182	98.8	12
大田区	263,528	4,068	96.1	19
豊島区	92,400	4,067	96.1	10
中野区	118,369	4,033	95.3	15
台東区	56,882	3,961	93.6	16
江東区	155,288	3,792	89.6	18
板橋区	194,691	3,733	88.2	14
北区	117,928	3,666	86.6	17
江戸川区	241,286	3,610	85.3	23
墨田区	84,727	3,567	84.2	20
荒川区	65,323	3,561	84.1	9
葛飾区	155,119	3,498	82.6	21
足立区	216,088	3,429	81.0	22

出所：尾木直樹『新・学歴社会がはじまる――分断される子どもたち』青灯社，2006 年

（注）人員や所得は 2003 年 7 月 1 日現在．指数は 23 区平均を 100 とした．東京都総務局行政部「市町村税課税状況等の調査」(2003 年度)をもとに尾木直樹が加工作成．学力順位は 2005 年度データによる

の学力の順位を示したものである。所得の高い区ほど学力の順位が高く、逆に所得の低い区ほど学力の順位も低くなっており、所得と学力にはかなり高い相関のあることがわかる。特に、報道などで貧困率の高いことが知られる葛飾区、足立区、江戸川区などでは、小学生の学力が低いことがわかる。

東京都と同様のことは、大阪府についてもいえる。すでに表3-3でみたように大阪府は学力で下から四番目の低さであった。大阪府は生活保護家庭の比率が高く、貧困者の数も多い。これまで述べてきた相関を考えれば、貧困家庭の多さが、大阪府の小・中学生の学力を平均的にかなり低くしていることになる。

ちなみに、学力が最も下位にある沖縄県は貧困率の高さもさることながら、全国で最も平均所得の低い県でもある。したがって、かなり多くの家庭が貧困状態にあることが推測できる。そのために子どもの学力も低くなっていると考えられる。貧困は、子どもの学力向上にとって大きな障害となることを認識する必要がある。

なお第2章でも、貧困家庭の子どもの学力が低いことを提示したが、そこでは各都道府県には注目せずに、全国レベルでのデータによって明らかにした。ここでは、東京や大阪といった都道府県内の一部地域に貧困者が多く住む地域があり、それらの地域の子どもの学力が低いことを指摘したので、分析方法は異なる。しかし得られた結果は、貧困家庭の子どもの学力は低くなっているという意味で共通している。

3　エリート単線型の学歴コース

人が大学などの上級学校、あるいは名門度の高い大学へ進学を希望する理由、すなわち高い学歴を目指す理由は、比較的単純な動機による。特に現代においては、できるだけよい職業に就きたい、そしてできるだけ高い所得を稼ぎたいなどといった希望が中心であろう。こう述べれば、教育は経済便益のためにあるということを積極的に認めているように思われるかもしれない。すでに述べたように教育学者からは多くの異論が出される可能性もあるが、こうした高学歴を目指す動機の意味について論じてみたい。

ホワイトカラー職を目指して

第二次世界大戦後の二〇年ぐらいの間、どのような学歴をもっている人がどのような職に就いていたのかを考察してみよう。これを簡単に要約すれば、中卒の場合、大企業の工場や町工場、商店で働いたり、あるいは親から農業を引き継いだりといったことが多かった。地方で中学を卒業してから、集団就職で大都会にやって来た者もたくさんいた。高度成長期の初期では、中卒は「金の卵」と称され労働力として大いに期待されたが、必ずしも恵まれた労働条件であったわけではない。

高卒の場合には、工業科卒は大・中企業の工場労働者になる人が多かったし、普通科・商業科卒はあらゆる種類の企業の事務職・販売職、あるいは公務員職に就くことが多かった。一部の工場労働者を除いて、これらの職業はホワイトカラー職と呼ぶことができる。このころは高校進学率が上昇する時期に当たるので、ホワイトカラー職に就きたいがために高校に進学したといっても過言ではない。

当時、大学進学率はまだ高くなく、大卒の場合、ホワイトカラー職、特に専門職や管理職予備軍になるのが主流であった。したがって就職の観点からみれば、高卒・大卒はホワイトカラー職を目指していたといえる。

その後、高度成長の全盛期に入った後、一九七〇年代初めにオイル・ショック時代を迎えて、日本は安定成長期に入る。産業構造も変化を遂げ、ホワイトカラー化、サービス産業化の時代を迎えることとなった。すでにみたように、日本でも高校進学率、大学進学率が上昇する時代に突入し、ホワイトカラー職に就くのは高卒よりも大卒が中心となった。高卒の場合、販売職やサービス職などの比率が高くなったことも見逃せない。

戦後から二〇世紀末までにかけて、日本人が高校、あるいは大学という高い学歴を目指した有力な理由は、できればホワイトカラー職に就きたいという希望であった。第1章でみたように、日本では学歴格差による賃金・所得格差はそれほど大きくない。したがって、必ずしも高い報酬を求めて高い学歴を獲得しようとしたのではなく、職業としてホワイトカラー職に就きたいと願ったからといえる。ブルーカラー職は体力を使う単純な労働が主だが、ホワイトカラー職は体力よりも、仕事にある程度の高い知識・技能を必要とし、世間的な評価も高い。そうしたことが、ホワイトカラー職を目指す動機として作用したのであろう。

管理職・専門職になるために

このように戦後から最近に至るまで、高い学歴を望んだ有力な理由の一つが、ホワイトカラー職に就きたいという希望にあったというのが私の判断である。もっとも、ホワイトカラー職に就いたのち、将来、管理職になるには、大卒という学歴が求められることになる。あるいは、技術者、医師、教員、司法職など諸々の専門職に就く場合も同様である。したがって、管理職や専門職を目指す場合は、大学進学を希望することになる。ただし本書でみたように、家庭の経済的理由によって、かつて多くの若者が大学進学をあきらめざるをえなかった時代が長く続いていた。

しかし、日本の経済力が高まって家計所得も増え、多くの若者が大学に進学することが可能な時代が訪れる。二〇〇〇年代には、四年制大学の進学率が五〇%を超え、本格的な大衆教育社会を迎えることになった。かつての大学生と違い学力のそれほど高くない者や、特に勉学に意欲をもっていない者も大学に入学する。一方、管理職・専門職の数は決まっているので、大卒者が限られていた時代のように多くの者がこうした職に就くことはできない。

そこで、近年顕著になってきているのが、大卒者間の二極化であり、教育界全体においては三極化の現象があることをすでに第1章で指摘した。現在、三極化の頂点にいる名門大学へ進学するための過程はどのようなものになっているのか。次に、その点に焦点を当てて論じてみよう。

名門高校から名門大学への単線型

ここで論じるのは、第1章の冒頭で述べた三つの学歴に関する性質のうち、第二の卒業学校の名前と、第三の専攻科目に関することである。特に第二の性質のなかでも、名門校への進学競争について論じることにする。

いつの時代でも、日本に限らず、名門校への進学をめぐって激しい競争がくり広げられてきた。例えば、戦前の日本では、旧制高校への進学をめぐって激しい競争が行われていた(これについては、竹内洋『学歴貴族の栄光と挫折』中央公論新社、一九九九年が見事に描いている。また諸外国の名門校進学競争については拙著『灘校』参照)。どこの国でもこうした競争が行われていたのは、それらの名門校を卒業すると社会において上層とみなされ、換言すればエリートとして処遇される道が開かれるからである(社会におけるエリートとはどのような人を指すのか、どのようにエリートが生まれるかについては、拙著『東京大学』で論じている)。

日本の学歴におけるエリートといえば、戦前では「一中→一高→帝大(東大)」という進学経路がその最高レベルの象徴であった。必ずしもこのようなトップの象徴経路でなくとも、「名門中学→ナンバー・スクールと呼ばれる旧制高校→帝国大学」という経路も同様に高学歴のエリートコースであった。高い学歴を獲得すれば、大企業に就職でき、中央官庁にも入ることができた。そして企業・官公庁での昇進においても有利であった。企業・官公庁以外でも、医師、司法職、研究者、教員といった専門職に就くこともできる。

このように名門校の卒業生が社会で有利な人生を送ることができるということは、大戦後から現在まで基本的に変わっていない。これが日本の「学歴社会」の大きな特色とみなされてきた。だからこそ、両親も子どももできるだけ良い学校、名声の高い学校に入学することを希望し、大きな労力、財力を費やしてきたのである。

本書では、名門高校から名門大学への進学については、すでに名門大学のトップである東京大学について少し触れておいた。しかし、いま論じようとしているのは、具体的な高校や大学の名前ではない。一般論として名門高校(あるいは非名門高校)から名門大学(あるいは非名門大学)

への進学状況を調べるのが、ここでの関心である。

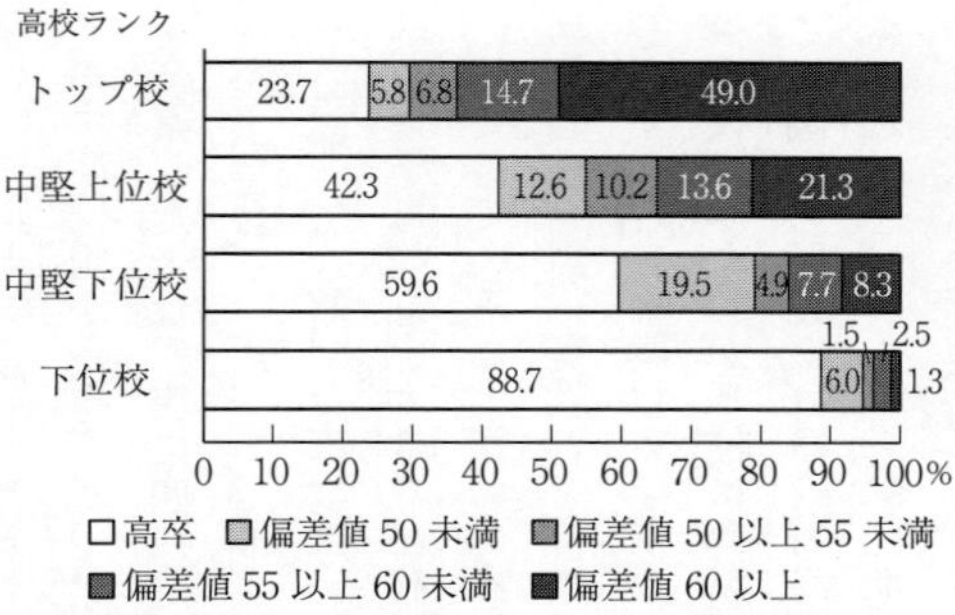

図 3-7　出身高校ランクと出身大学偏差値(全年代)

名門大学に進学するには名門高校出身が有利か

どの高校からどの大学に進学したかについて、私は八木との共著『教育と格差』で分析している。そこでの分析結果を簡単に紹介してみよう。

受験・進学情報についての権威である大学通信社が作成したデータをもちいて、高校を学力の高い学校から低い学校まで二〇階級に分けてランキングを作成。そして、大学については入学試験における偏差値を用いて、個人別にどのレベルの高校からどの程度の偏差値の大学に入学したかが追跡できるように、データを作成して分析した。その結果を示したのが、図3-7である。高校を二〇階級から四階級に統合し(すなわち、トップ校、中堅上位校、中堅下位校、下位校に分類)、大学は偏差値六〇以上の名門大学、五五以上六〇未満の中堅上位大学、五〇以上五五未満の中堅下位大学、五〇未満の下位大学の四つに分けている。なお高校卒業後に大学に進学しなかった人も、一つのグループ(高卒)として別掲して考慮している。

まず高校側からみてどのレベルの大学に進学しているかを確認しておこう。高校でトップ校を卒業した者は、実に四九・〇%が偏差値六〇以上の名門大学に進学している。これに対して、中堅上位校では二一・三%と低下する。中堅下位校では八・三%、下位校を卒業した人では一・三%しか名門大学に進学していない。どのレベルの高校を入学・卒業したかが、名門大学への進学可能性を大きく左右しているのである。大学への学歴獲得競争が高校入学前からすでに始まっていることがわかる。この表には示していないが、もし中学校を分析すれば、国立・私立の中・高一貫教育を行っているトップの中学が進学に強いという結果が得られるであろう。そうすると、中学校入学前からも学歴獲得競争が始まっていることが明らかになるだろう。

高校のランクが下位になればなるほど、偏差値の低い大学に進学する比率が高くなることもこの図から読みとれる。特に顕著なのは、大学に進学することなく高校で学業を終える割合が高まることである。大学に進学しない比率は、高校ランクの中堅下位校で五九・六%、下位校では八八・七%となっている。

もっとも、大学に進学しない比率がこれほど高い理由の一つには、大学進学率の低かった当時に高校生だった中・高年齢層が回答者に含まれている点もある。したがって、大学進学率の比較的高い年代である三〇歳以下に標本を限定してみよう。図3-8で示されているように、それでも中堅下位校が四六・八％、下位校が八六・八％であり、それほど全年代の比率と差がないことがわかる。大学進学への予備選抜として高校が機能していることの証拠である。

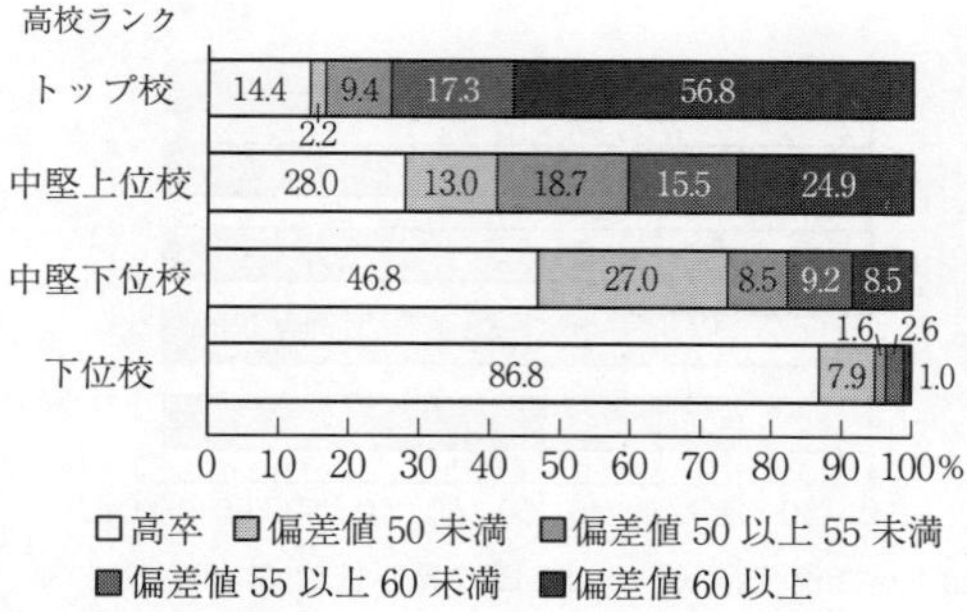

図 3-8　出身高校ランクと出身大学偏差値(30 歳以下)

大学のランクと高校のランクの相関

これを大学偏差値別の視点からみて、どの高校からその大学へ進学してきているかに注目してみよう。これを示したのが図3-9である。偏差値六〇以上の名門大学へ入学している高校のランク別の比率は、トップ校が四六・六％、中堅上位校が三一・八％、中堅下位校が一八・〇％、下位校が三・六％となっている。当然のことながらトップ校の比率が一番高い。ただし、その比率は五〇％を割っており、中堅校や下位校からも名門大学に進学している者がそれなりに存在していることもうかがえる。トップ校が圧倒的に有利とはいえ、そこに進学できなくても、高校時代に努力すれば名門大学に進学できる道は、まだ開かれているとい

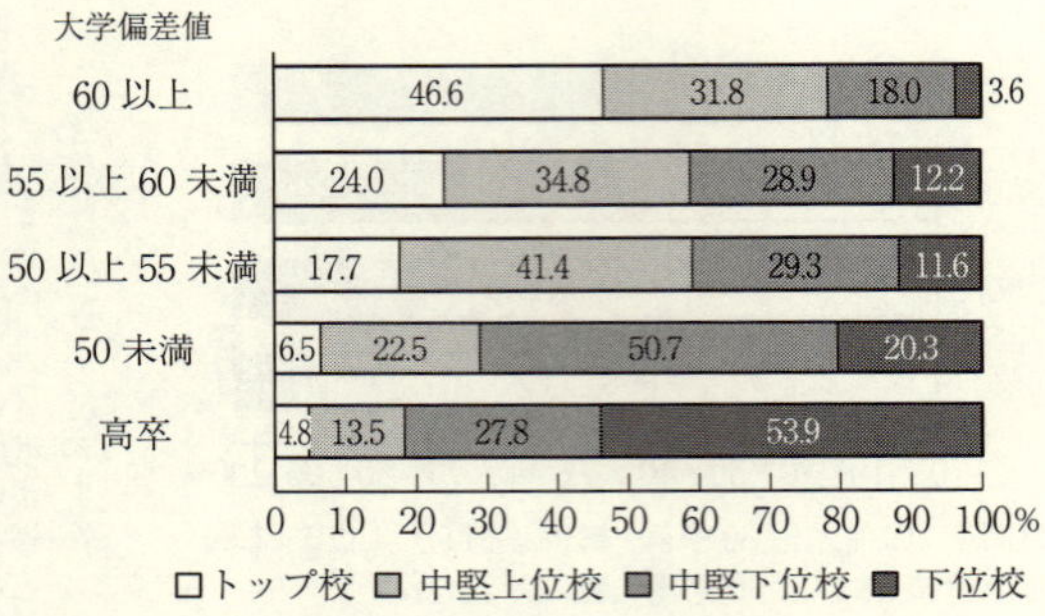

図 3–9　出身大学偏差値別出身高校

う見方も可能である。

日本では、高学歴・名門大学への進学競争が激しい。しかし、いま確認したように、トップ校に進学することだけが名門大学への唯一の切符というわけではない。中堅校の成績優秀者も名門大学に進学しているのである。

逆に、高校のトップ校や中堅上位校からも偏差値の低い大学に進学する者もおり、かつ大学に進学しない者も五%弱から一〇%強いる。レベルの高い高校に進学しても、勉強に意欲を失ったり、授業についていけなかったりということはありえるのである（あるいは、学問以外の道に希望を見出した場合も考えられる）。

以上をまとめれば、高校から大学への進学に関しては、レベルの高い（低い）高校から偏差値の高い（低い）大学へ進学する場合が主流であるが、例外もそれなりに存在するということになる。換言すれば、レベルの高い（低い）高校から偏差値の低い（高い）大学に進学する生徒や、レベルの高い高校に入学しても高校で終えて大学に進学しない人も少なからずいるということである。名門高校から名門大学に進学する単線型が圧倒的であるが、必ずしもそうした単線型でない場合もありうる、ということがここでの発見である。高校での本人の努力も重要な要素であるといえよう。

単線型受験競争社会への批判

詳細に分析すれば、必ずしも名門高校から名門大学への進学という経路がすべてではないことがわかったが、実際にはこの経路を目指して、多くの者が受験競争のなかに置かれていることは事実である。こうしたことが、子どもたちの心身に苛酷な負担を強いて、子どもの成長に弊害をもたらすという考えは、以前から根強く存在している。そして、そうした考えなども受けて、様々な新しい教育政策などが導入されてきた。

主だった例をあげれば、いわゆる「ゆとり教育」の導入や、国公立大学と一部の私立大学の入試での共通一次試験（現・センター試験）の導入などである。あるいは、新しい大学が設置されたことで入学定員が増えたにもかかわらず、少子化によって志望者が減少し、そのため、一部の大学では試験問題のレベルを下げて、受験生が入学しやすいような個別的な対策もとられている。こうした流れのなかで、大学における受験競争が緩和された側面もある。かつて大学進学が限られていた時代では、大学に進学するには厳しい受験競争を勝ち抜かなければならなかったが、いまでは、それほど受験勉強をしなくても、大学に進学すること自体は難しくない。したがって、受験競争の緩和という点では、いま述べたような流れは、ある程度の成果をもたらしたといえる。しかし一方で、副次的にネガティヴな影響も出ている。例えば、「ゆとり教育」の導入に関しては、生徒・学生たちの学力低下をもたらしたとして問題視されるようになった。あるいは、共通一次試験の導入も大学を入試の偏差値で序列化する風潮を高めて、それぞれの大学や学部のもつ特色や教育内容を軽視する傾向が加速することになった。

これら個々の教育問題はきわめて重要な課題であるが、本書の主要関心事ではないのでこれ以上言及しない。

第4章　不平等化する日本の教育
――家計負担が増加するなかで

戦前では親の社会階層(教育、職業、所得)が高ければ、子どもの教育水準も高かった。逆に親の社会階層が低ければ、子どもは高い教育を受けることができなかった。しかし戦後になり、親の社会階層が低くても、子どもが望んで、努力すれば高い教育を受けることが可能な時代となった。そうした状況は高度経済成長の終わるころまで続いていた。

しかし最近になって、そうした状況が崩れ、教育を受ける機会の不平等が拡大している。その点に関しては、本書でもすでにいくつかの論点を述べてきた。本章では、親の階層との関係に注目して、教育の機会が不平等化している現状を考察してみよう。そして、そうした不平等化が拡大している要因や背景を探りながら、教育に対する公的な財政支出のあり方などを中心に、日本の教育政策について検証してみよう。

1　学費負担の増大と教育の不平等化

本人の意欲と努力で進学できた時代

高度成長期から一九八〇年代ごろまで、子どもに高い教育を受けさせることに熱心だった背景には、「学歴下降回避説」などの要因があったことはすでに指摘した。すなわち、親の学歴よりも子どもの学歴が下になることを回避したい、あるいは親よりも高くしたいと、親も子も望んだのである。また、これもすでに指摘したように、子どもがホワイトカラー職を望んだという要因もあげられる。事務職、管理職、専門職といったホワイトカラー職に就くには、最低でも高校、できれば短大や大学まで進学する必要があったからである。さらに加えれば、私の主張した「名門度上昇希望仮説」も働いて、名門校を卒業できれば申し分なかった。

もう一つ重要な理由を指摘しておきたい。それは生徒・学生が学校教育を受けるときの教育費の負担の重さに関することである。戦後から高度成長期を終了するころまで、高校や大学の授業料とそれに付随する教育費はかなり安かった。そのため、家計の絶対的な所得が低かった時代でも、親が子どもの教育費を負担できる余裕はむしろ現代よりもあったといえる。いくつかの統計を用いて、そのことを確認しておこう。

表4-1は戦後の大学における初年度納付金の変遷を示したものである。高度成長期の一九五九年度では、国立大学の入学金が一〇〇〇円、授業料が年九〇〇〇円であり、初年度の納付金は一万円であった。同様に、私立大学の授業料は二万八六四一円で、初年度納付金が六万一七八四円であった。私立は国立の約三倍の授業料だったことになる。それが一九六九年になると、国立大の授業料が一万二〇〇〇円、私立大が八万四〇四八円となり、公私間で約七倍の差

表 4-1　戦後の大学における初年度納付金

（円）

年度	国立大学			私立大学			
	入学金	授業料	総額	入学金	施設・設備費	授業料	総額
1949	200	1,800	2,000				
1954	400	6,000	6,400				
1959	1,000	9,000	10,000			28,641	61,784
1964	1,500	12,000	13,500			61,746	148,580
1969	4,000	12,000	16,000			84,048	221,874
1974	12,000	36,000	48,000				283,549
1979	80,000	144,000	224,000	175,999	147,440	325,198	648,637
1984	120,000	252,000	372,000	225,820	201,385	451,722	878,927
1989	185,400	339,600	525,000	256,600	207,932	570,584	1,035,116
1994	260,000	411,600	671,600	280,892	183,725	708,847	1,173,464
1999	275,000	478,800	753,800	290,815	198,982	783,298	1,273,095
2004	282,000	520,800	802,800	279,974	204,448	817,952	1,302,194

出所：福地誠『教育格差絶望社会』洋泉社，2006 年
（注）空白部は内訳の詳細不明

と拡大した。この公私間の差の大きさは、私立大の授業料が高いことに起因していた。

ここで注目すべきことは、当時の国立大学の授業料が非常に安かったことである。「貧しい家庭の子どもは国立大学へ」などといわれたほど、たとえ家計が貧しくても、能力と意欲のある生徒は勉強に励んで努力すれば、少なくとも国立大学に進学できたのである。高等教育の費用は主として政府が負担し、家計の負担を小さくするということに社会の合意があった。そのことを示すのが図 4-1 である。一九六〇年代は家計負担が三〜四割だったのに対して、政府は六〜七割の負担であった。

ここには公立高校の授業料の額を提示していないが、国や都道府県の管理・運営す

る公立校では、授業料などの教育費を家計が負担する比率はもっと少なくすべきであるとの社会的合意があった。公立高校に限定すれば、無償とまではいわないが、学費は相当に安く、家計所得のかなり低い家庭の子どもであっても、本人の能力と意欲次第で、少なくとも公立高校に進学することが可能だったのである。

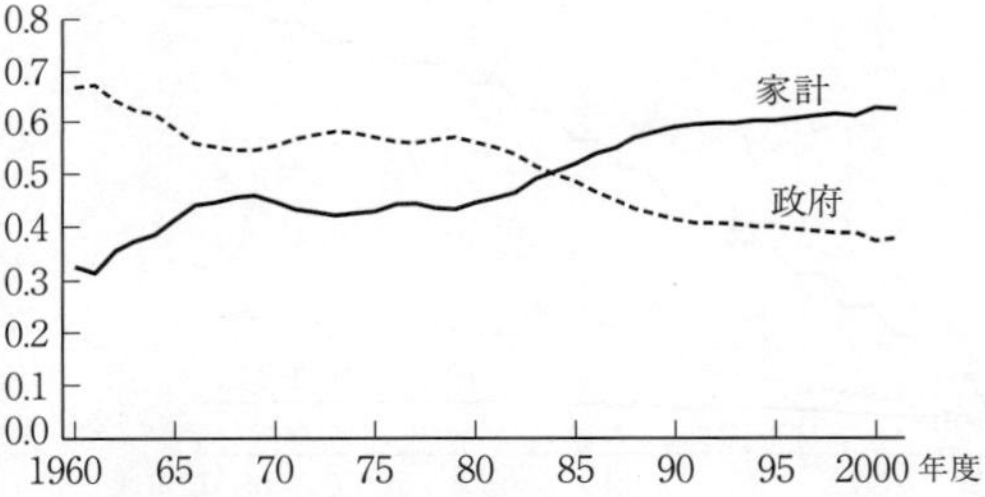

出所：広島大学高等教育開発研究センター
（注）政府負担は，国立学校特別会計の国庫負担金と補助金，家計負担は学納金

図 4-1　高等教育費の負担割合の推移

学費の値上げが及ぼした影響

ところが、公立校における授業料などの学費が安い時代はいつまでも続かなかった。一九七〇年代の初頭から、公立校の授業料の値上げが急ピッチで進行することとなった。例えば一九七二年から国立大学の授業料は三倍も値上げされたし、それ以降も連続的に上げられることになる。表4-1の示すように、今日では年額五〇万円を超えている。学費の安い国立大学というイメージはもう過去のものとなった。

いかに大学、特に国立大学の授業料の値上げ幅が大きかったかを知るために、消費者物価指数の上昇率と比較

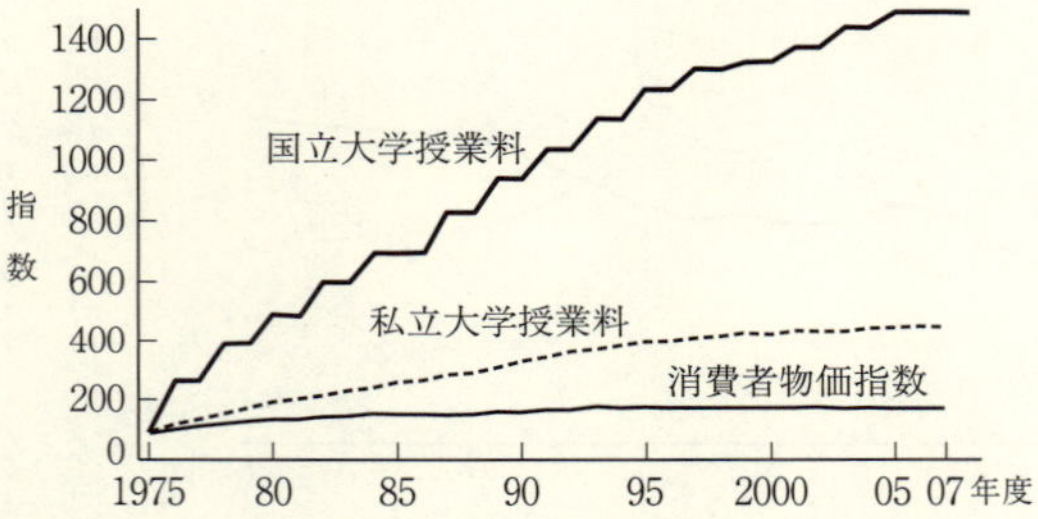

出所：文部科学省「教育安心社会の実現に関する懇談会」報告書，2009年

図 4–2　授業料と消費者物価指数の推移(指数化後)

してみよう。図4-2がそれを示したものである。国立大学の授業料が、消費者物価指数の上昇率よりも何倍ものスピードで上昇しており、すさまじい値上げ率だったことがわかる。大学生をもつ家庭の経済を直撃したことは明らかである。ちなみに私立大学の授業料の上昇率も消費者物価指数の上昇率より大きいが、国立大学のそれよりはかなり低いことがわかる。

くり返すように、高度成長期の終了前後までは、国立大学の授業料が非常に低く抑制されていたので、貧しい家庭にあっても大学に進学することは可能であった。しかし、そこには多少の無理というものが働いていたのも事実である。その点については、小林雅之が的を射た表現で指摘しているので、それを紹介しておこう（『大学進学の機会』）。すなわち、大学（特に国立大学）に進学できた学生でも、①家計が無理をしている場合もあり、②学習・生活環境の劣った学生も少なくない、という解釈である。①は、子どもを大学に進学させるために、他の支出を抑制してまでも家計が無理をしていたことを意味し、②は子どもも勉強時間を犠牲にしてアルバイトに励むなど、厳しい生活環境にいたことを表している。なんとか大学に進学できたので、教育の機会平等は保持されてはいるが、実態は苦しい状況での機会平等だったというのが、小林の解釈である。

ところで国立大学の授業料は、一九七二年以降、なぜ非常に高い率で値上げされたのだろうか。様々な理由がある。第一に、国立大と私立大の授業料比が最大の時期では一対七程度に拡大していたので、不公平だという一般認識が高まったことがあげられる。第二に、国立大学の学生は良い教育を受けるので、それなりの自己負担をする必要があるという見方が強くなったことがある。換言すれば、国立大での教育にもっと私的財の要素を加味すべきだと判断されるようになったのである。第三に、一九六五年、佐藤栄作内閣の福田赳夫大蔵大臣によって戦後初めて赤字国債が発行されたように、国家財政が緊迫し、財政支出を抑制する政策がとられるようになったことも指摘できる。「安すぎる」と判断された授業料を値上げして、国立大への財政支出を抑制しようとしたのである。

私立大学の授業料上昇率が国立大のそれよりもかなり抑えられたのは、国立・私立間の学費格差が大きすぎるので、それを是正するため私学助成金制度が導入されたからである。そこには、私立のなかで経営難に陥った学校が出現したので、倒産を防ぐ目的もあった。一九六二年に私立高校に対して本格的な私学助成金が導入され、その後それが私立大学にも拡大されたのが、私立大学助成金の起源である。

貧困家庭への影響

このように大学の授業料、特に国立大学のそれが大幅に上げられたことは、当然ながら、大学に子どもを送る家庭の家計に打撃を与えることになった。しかしこれほどまでに授業料の上昇率が高いにもかかわらず、一九七〇年代後半から九〇年ごろまで、大学進学率が低下しなかったのは、高度成長期ほどではないが安定成長期だったので、家計所得の伸びがそれなりにあったからである。しかし、ここで注意しなければならないのは、すでに述べた小林の指摘の「無理をしている家計」と「学習・生活環境の劣った学生」という特徴が、授業料の値上げによってますます深刻になったことである。

「無理をしている家計」などの子どもの一部は、大学進学をあきらめざるをえなくなった。その結果が図2-1(四六ページ)で、明確に示されたように、現代において所得の少ない貧困家庭の大学進学率が特に低くなっている理由である。今日では、国立大学の授業料が年額五〇万円を超え、私立大学は高いところで二〇〇万円に達するような状況であり、年収が二〇〇〜三〇〇万円前後の貧困家庭であれば、大学進学をあきらめざるをえないのは当然であろう。

高校卒業後に、貧困家庭の子どもの就職か進学かの分岐点がどこにあるかをわかりやすく示している図があるので、それをみてみよう。図4–3は親の年収別に高校三年生が、進学(四年制大学)か就職かの予定進路をどう決めているかを示したものである。

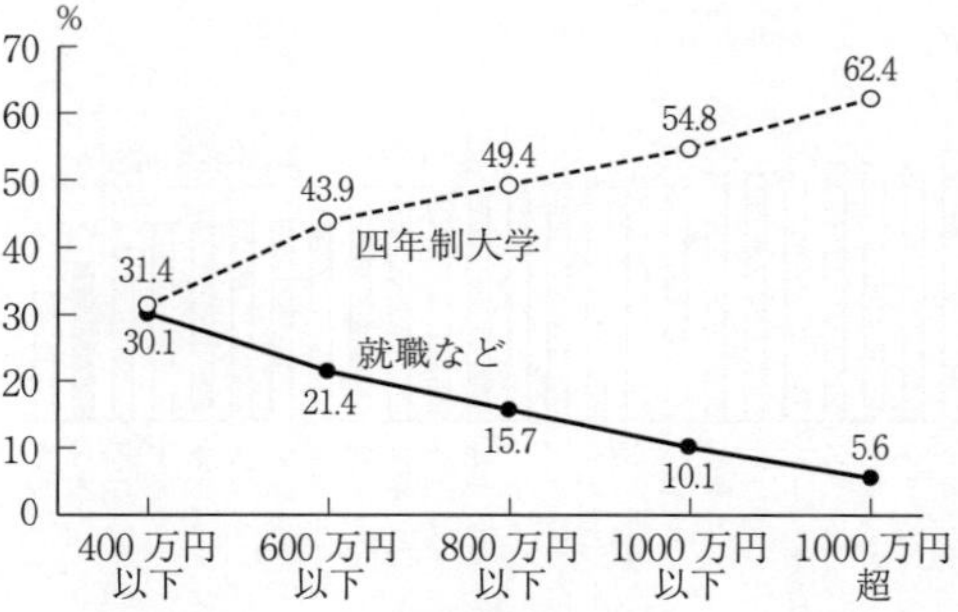

出所：東京大学大学院研究科大学経営・政策研究センター「高校生の進路追跡調査　第1次報告」2009年7月

(注) 日本全国から無作為に選ばれた高校3年生4000人とその保護者4000が調査対象．両親年収は，父母それぞれの税込年収に中央値を割り当て(例：「500〜700万円未満」なら600万円)，合計したもの．無回答を除く．「就職など」には就職進学，アルバイト，海外の大学・学校，家事手伝い・主婦，その他を含む

図4–3　高校卒業後の予定進路(両親年収別)

この図によると、親の年収が四〇〇万円以下の場合、進学と就職が三〇%強でほぼ同水準である。そして、年収が増加すれば進学率が上昇し、就職率が下降することがわかる。年収が一〇〇〇万円超だと進学率は六〇%を超えるのに対して、就職率が五・六%にまで低下する。この進学と就職の動きが、年収に応じてはっきりと対称性を示している。親の年収額が高校三年生の進学か就職かを

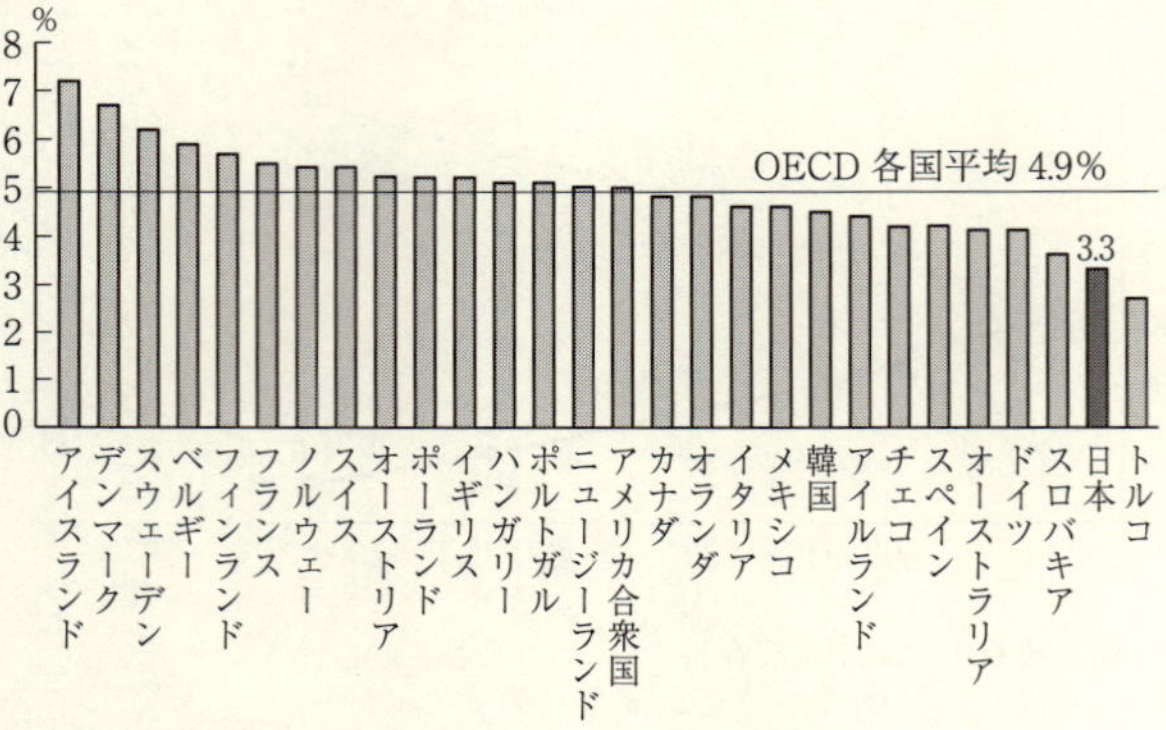

出所：OECD, *Education at a Glance 2009*

図 4-4　教育機関への公財政支出の対 GDP 比(2006 年)

決定する際に、大きな役割をなしていることを改めて認識することができる。

2　低い公費負担、増える家計負担

公教育費支出はＯＥＣＤ諸国のなかで最低水準

家計が苦しいために教育費を負担できず、進学をあきらめざるをえない状況が日本で目立ってきていることを前節でみた。そうした背景には、公共部門が教育費支出を非常に抑制しているということがある。国際比較の見地から確認しておこう。

図４-４はＯＥＣＤ諸国において、公共部門が対ＧＤＰ比で教育費をどれだけ支出しているかを示したものである。この図によると、ＯＥＣＤ諸国のなかで、日本の教育費支出は対ＧＤＰ比三・三%となっており、トルコに次いで下から二番目の

低い数値である。国家や地方政府は教育費用を満足に負担しておらず、家計に大きく負担させていることがわかる。日本と同様に低い国は、スロバキア、ドイツ、オーストラリア、スペイン、チェコといった国々である。一方で公共部門の支出割合の大きい国は、アイスランド、デンマーク、スウェーデンといった北欧諸国であり、六〜七%という高さである。これらの国では教育費の負担を家計に要求しておらず、その分を公共部門が担っているのである。

次の関心は、政府支出に占める教育費の比率である。政府は軍事費、公共事業費、社会保障費、公務員給料など諸々の財政支出をしているが、そのなかで教育費の占める割合を調べたものが図4-5である。この比率でも、日本は九・五%という最低の数値である。一方で教育費支出の高い国は二〇%前後に達しており、日本の低さが目立つといってよい。

しかも、政府支出の総合計額が対GDP比に占める割合は、日本は先進国のなかで非常に低い水準(すなわち小さな政府)である。公教育費支出が政府支出額に占める比率や対GDP比で低いということは、絶対額で評価するとなおさら少ないということになる。

なぜこれほどまでに、日本の公共部門の教育費支出は少ないのであろうか。様々な理由が考えられる。第一に、財の種類には私的財、準公共財、公共財の三つがあるとすでに述べたが、日本では教育は私的財とみなす考え方が支配的で、せいぜい準公共財であるとの考え方が少しあるにすぎないからである。そのため、教育の費用は自己負担原則という思想がこれまで強か

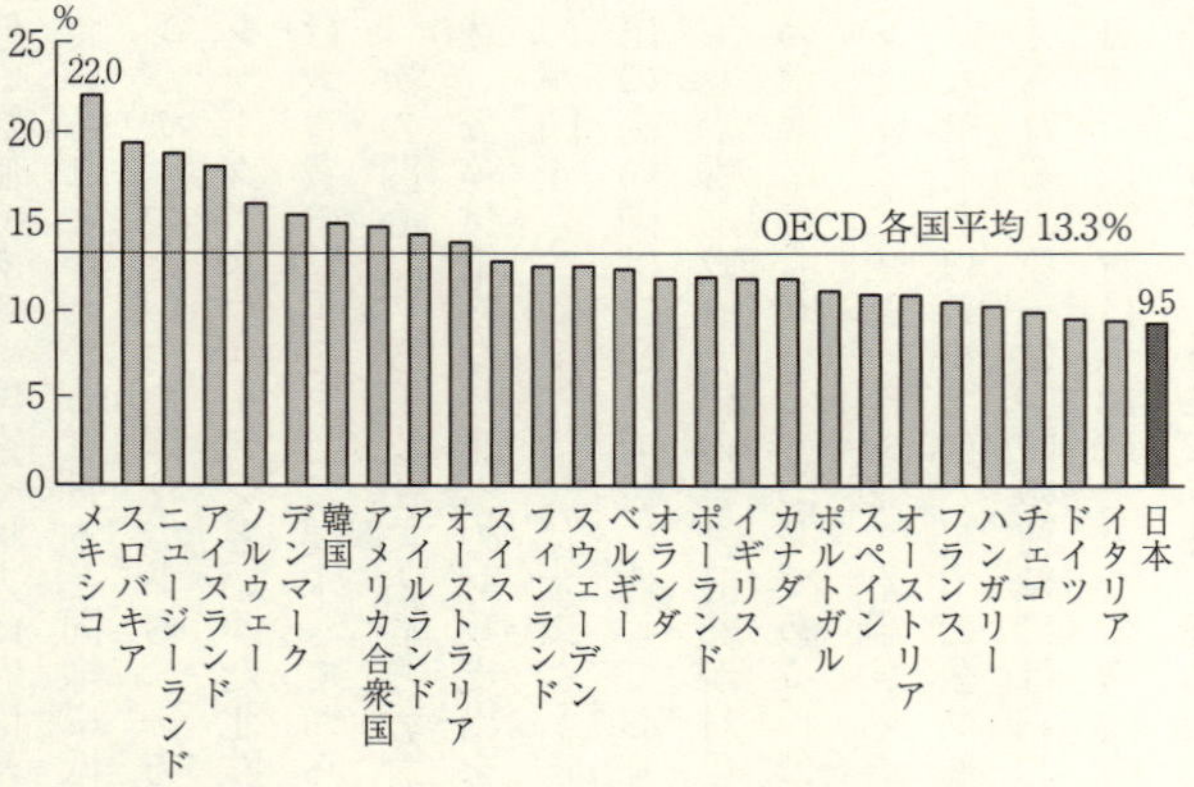

出所：OECD, *Education at a Glance 2009*

図 4–5　各国の政府総支出に占める公財政教育費支出の割合（2006 年）

ったのである。背後には、教育の利益を受けるのは、教育を受ける個人であるとする判断がある。

第二に、戦後から今日まで、日本は経済発展を最も優先度の高い政策目標としてきたので、政府は公共事業やインフラ整備などの支出を多くすることによって、経済を強くすることに熱心だったからである。公共事業やインフラ整備に資金を多く投入すれば、どうしても教育費支出は残余にまわされる感が否めず、結果として教育費支出が少なくなったのである。

第三に、文部科学省をはじめ教育界は、教育の質を高めるには必ずしもお金をかけて教育設備や教員の数を充実するのではなく、教員の熱意ある効率的な教育方法や、生徒・学生の旺盛な勉強意欲に依存すると考えてきたからである。

そのため、教育設備や教員の数を抑えてきたので、公共部門の教育費支出を抑制できたのであった。

第四に、設立主体としての国公立校と私立校に注目すると、学校数や生徒・学生数に関して高校、特に大学において私立の比重が非常に高かった。私立校には国から私学助成金の支給はあるが、国公立校への支出額に比較するとはるかに少なくてすむ。日本の教育がかなり私学に依存してきたことも、公共部門の教育費支出が少なかった理由である。

極端に低い高等教育への公的支出

公共部門が教育費支出を非常に低く抑えていたことはわかったが、小・中・高校、大学といった教育段階別で、教育費支出の大小はあるのだろうか。それを端的に示すのが、文部科学省の推計による図4-6である。これは教育投資(教育機関に対する購買力平価で調整した後の公財政支出)を在学者数で除したものなので、生徒・学生一人あたりに対する公的教育支出額となる。なお比較の対象国は、イギリス、アメリカ、ドイツ、フランスといった主要先進国である。

この図を一見してまず驚くことは、大学などの高等教育段階において、日本の公的教育支出額が四六八九ドルであり、他の四カ国よりはるかに低い額になっていることである。すなわち、アメリカ、イギリス、ドイツ、フランスともに九〇〇〇ドルを超えているのに対して、日本は

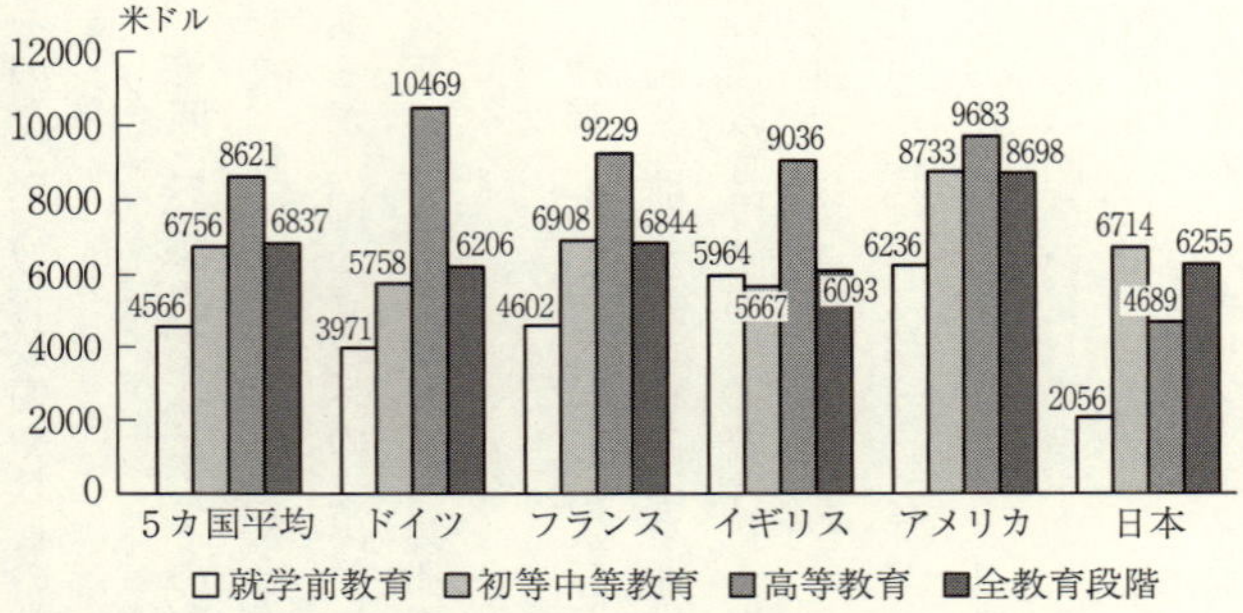

出所：OECD が *Education at a Glance 2008* 作成のために収集したデータ（2005 年の数値）を元に文部科学省が推計，文部科学省「教育安心社会の実現に関する懇談会」報告書，2009 年

（注）教育機関に対する公財政支出（購買力平価により調整）を在学者数で除したもの

図 4-6　教育投資における 1 人あたり公財政支出

半分程度の額しかない。大学などでは、教育にかかる費用のみならず研究費の占める割合が大きいので、この日本の低い額によって、教育が劣っているとか、学生支援が低いと単純にはいえないが、その可能性は高いのである。特に、他国との比較からすると、日本の大学生に教育費の負担を強いていると確実にいえる。

　図には示していないが、大学などの教育費負担のうち、公的支出と私費負担計の比率は、日本が三三・二%対六七・八%（うち家計負担が五一・四%）、アメリカが三四・〇%対六六・〇%（うち家計負担が三六・三%）、イギリスが六四・八%対三五・二%（うち家計負担が二六・六%）、フランスが八三・七%対一六・三%（うち家計負担が一〇・一%）となっており、日本とアメリカが公私の負担割合でほぼ同じになっている。しかし留意すべき点は、アメリカは私費負担六六・〇%のうち家計負担は三六・三%であり、残りの二九・七%は奨学金制度などで補っているのである。家計直撃度という点からすると、日本の大学は五カ国中でいちばん高いということになる。

初等中等教育と就学前教育について一言述べておこう。日本の初等中等教育への支出は五カ国の平均とほぼ同額であり、高等教育ほどの見劣りはしないが、傑出しているわけではない。諸外国に比して一般的な公的教育支出額といってよいだろう。

注目されるのは、就学前教育において日本の支出額が異様に低いことである。日本は二〇〇五六ドルで平均額四五六六ドルの半分以下である。現在、どの国も就学前教育に取り組んでいるし、就学開始年齢を引き下げようとしている国もある。政権交代前の自民党政権下では、幼児教育の充実にあたろうとしていたが、民主党政権になり方向性が不透明となっている。

ここで就学前教育を考えてみよう。日本では幼稚園と保育所がこれに相当する。大まかにいえば、前者は専業主婦の子どもが通い、後者は両親共働きの子どもが通う施設である。さらに監督官庁は前者が文部科学省、後者が厚生労働省であり、縦割り行政の弊害などを考えれば、幼保一元を推進する必要がある。民主党政権による「子ども手当」の支給は、幼稚園や保育所に通う子どもをもつ親の経済負担を和らげるが、これらの施設の充実と保育士や教員の質の向上も同時に重要である。こうした対策に必要な資金を提供するために、国は財政負担を増加しなければならない。「子ども手当」の一部をこれらの負担にまわす案は検討されてよいだろう。

民主党政権は、むしろ高校の授業料を公立は無償化し、私立には補助金を支給することによって学費負担の低減策を採用した。この政策自体は、家計における中等教育の学費負担を軽減するので、好ましい政策である。特に貧困家庭の子どもにあっては、高校進学をあきらめるか、それともたとえ進学したとしても、経済的な理由から中退に追い込まれる例が依然として存在しているので、この政策の導入には価値がある。

日本において大学などの高等教育に対して公費負担額が非常に少なく、家計に負担を強いている要因には、すでに述べたように、教育は私的財であるとする一般的な認識や、経済発展を優先度の高い目標としてきた政府の方針などがそのまま該当するので、ここでは再述しない。一つだけ大学に特有の理由がある。それは日本における大学生への奨学金制度などの経済支援の貧弱さである。次にこの問題を考えてみよう。

貧弱な学費援助制度

日本における大学での教育費負担をみると、私的負担のうち、家計負担の割合が七五・八％(51.4÷67.8)近くにのぼる。他の国は、アメリカが五五・〇％(36.3÷66.0)、イギリスが七五・六％(26.6÷35.2)、フランスが六二・〇％(10.1÷16.3)である。したがって、日本の家計負担の割合が最も高いことがわかる。イギリスも日本に次いでかなり高く、フランス、アメリカがそれに続いている。日本が奨学金制度などの学費援助制度において最も貧弱であり、逆にアメリカが最も充実しているということになる。

ヨーロッパでは多くの国で授業料は無償であり、そのことは、大学に対して国が多額の支出をしていることを意味する。したがって、学生自身の負担は非常に少なくてすむので、そもそも学費援助制度の必要性が低かったのである。ただし、イギリスでは一九九八年から授業料を徴収するようになり、二〇〇二年には年額で約二二万円となっている。この額は日本の国公立大学の授業料の半分以下なので、負担感は日本より小さい。さらに、保護者の所得が低い学生には授業料免除制度などもある。

アメリカの大学の授業料は、私立大学で年額二〇〇〜三〇〇万円を超えており、非常に高い。州立大学では平均が五五万円程度なので、日本の国公立大とほぼ同額である。しかし小林雅之の報告によると、アメリカでは二〇〇三年度で総額一三兆円もの学生援助金が支出されている(「先進各国における奨学金制度と奨学政策」東京大学大学総合教育研究センター編『諸外国における奨学制度に関する調査研究及び奨学金事業の社会的効果に関する調査研究』報告書、二〇〇七年)。すなわち、巨額な公的資金が大学生の教育費用として投入され、就学を支援しているのである。

二〇〇四年の全米学生援助調査では、何らかの奨学金を受けている学生の比率は六三%という高さになっている。そのうち給付が約半数、貸与は約三分の一という比率である。平均受給額は二〇〇三年度で約七八万円、給付が約四三万円、貸与が約六二万円であった。アメリカの大学生はかなり恵まれた学費援助制度のなかにあるといってよい。

一方、日本はどうであろうか。これについても、同様に小林による詳細な研究がある(『進学格差——深刻化する教育費負担』ちくま新書、二〇〇八年)。具体的に述べる前に、そもそも学費援助制度には様々な視点のあることを理解しなければならない。第一に、学費免除という制度がある。これにも授業料を全額免除するもの、あるいは半額免除するものなどいろいろある。第二に、学費支援をするときに、給付なのか、有償(つまり貸与)なのか、といった差がある。第三に、有償であっても無利子での返済なのか、それとも有利子での返済なのかといった差もある。第四に、国ないし地方公共団体が財源を提供しているのか(かっては国が設けた特殊法人日本育英会があったが、二〇〇四年からは独立行政法人日本学生支援機構となっている)、それとも民間財団の財源に依存しているのか、という学費支援の提供主体の差である。第五に、支援を受ける人を決定するに際して、家庭の生活状況と本人の学業成績という二つの基準があるが、そのどちらにウェイトをおくか、という点がある。

これらの論点を全部考慮して学費援助制度を論じることは困難なので、ここでは根本的な問題に注目して、日本における学費援助の特徴を述べておこう。小林の分析によると、日本の学費援助制度の特徴は次のようにまとめられる。

第一に、現在大学に通学している学生に関していえば、所得階級の第一分位（すなわち貧困層）においては、国立大学では全額ないし半額の授業料免除が七～八割に達しており、低所得階層の学生の就学を助けるのに役立っている。ただし、私立大学ではその限りではない。

第二に、日本では学費支援は給付制ではなく、有償でしかも有利子の貸与制が主流である。かつての日本育英会による奨学金制度のもとでは、国際的にも誇れる無利子による貸与であったが、一九八四年に国家財政赤字の影響を受けて有利子も導入された。

第三に、多くの場合、大学に進学してから授業料免除や奨学金支給の申請や決定がなされるので、入学前の段階では学費援助が受けられるかどうかがわからない。すなわち、第一の点で述べた授業料免除についても、大学に入学してからはじめて、そうした支援が受けられる可能性が開かれるということである。そのことは裏を返せば、低所得家庭の子どもが大学進学を希望しても、入学前段階では経済的な安心を保障してくれるものはなく、早い段階から結果的に進学をあきらめる場合も多いと予想できるのである。

第四に、奨学金の受給基準が家計所得、学業成績の双方にまたがっていることである。これに関して、小林はもっと家計所得にウェイトを置くべきだと主張している。私もこの主張に原則として賛成である。ただし、大学進学率が五〇％を超えた現在、学業成績のウェイトをゼロにすると、勉学に励まない奨学生が出てくる可能性もあり、多少の歯止めも必要であろう。

第五に、日本の奨学金制度は他国と比較すれば劣位は明らかである。アメリカの総額一三兆円という奨学事業に対して、日本の学生支援機構の奨学金は総額で約七〇〇〇億円(二〇〇五年度)と非常に少ない。しかも、その制度自体も財政難によって後退し続けているのである。

なぜこれほどまでに、日本の奨学金制度は充実していないのだろう。その理由としては、第一に、くり返し述べてきたように、日本では教育、特に高等教育は私的財とする考えが主流だということがあげられる。自己負担が原則と理解されているのである。第二に、近年に至って国家財政の赤字がますます巨額になり、公的教育費支出と奨学金支出の削減が主張されるようになったことも指摘できよう。第三に、二〇世紀後半になって新自由主義の勢力が強くなり、大学生の数が多すぎるという過剰な大学教育そのものへの批判や、奨学金の効果に疑問を呈する声が高まったこともあげられる。あるいは、家計所得も豊かになったので、大学の学費は自己負担できるだろうと判断する人が多くなったことも影響している。

アメリカと機会平等主義

結論からいえば、私は、これら三つの考え方に基本的に賛成しない。その理由や打開策などについては、次章以降で論じるが、その前に、アメリカと日本の奨学金制度を比較し、アメリカのシステムに学ぶ必要性を指摘しておこう。周知のようにアメリカは貧富の差が大きい国であるが、機会の平等だけは確保したいという希望は国民の間で強い。所得格差の大きいことは、人々の能力や努力の差によるところもあるのでやむをえないとするが、人々は平等に努力する機会を与えられなければならないという点に関しては、国民の間で合意がある。

その平等な機会を与える有力な手段が教育なので、教育を受けたいと希望する者には、奨学金制度によってそれを満たす方策を用意しているのである。もっとも、アメリカの大学の学費は特に私学では日本以上に高いので、奨学金制度がないと大勢の人が高等教育を受けることができなくなってしまう。そのために、奨学金制度を充実せざるをえなくなったという事情はある。しかし、誰もが平等な機会をもてるように奨学金制度を充実させ、多くの人々に大学教育を受けさせようとしてきたアメリカ国民の意志は評価できるだろう。

ただし、最近のアメリカの教育事情に関しては、急速な変化が訪れていることも述べておかなければならない。例えば、堤未果の『貧困大国アメリカII』(岩波新書、二〇一〇年)によれば、近年、アメリカの大学の授業料が高騰しているため、高利の学資ローンに頼らざるをえない学生が増加し、「学資ローン地獄」に陥っている者が目立ってきているとのことである。ローンの取り立てに苦しむ学生や家族、巨額のローン残高によって自己破産を余儀なくされる者などが増えているようである。こうした報告は、これまでのアメリカの様相とは異なっており、今後のゆくえに注目する必要がある。

学費無料のヨーロッパ

一方、ヨーロッパの教育に対する姿勢はアメリカと異なっている。ヨーロッパではいくつかの国を除いて、大学の授業料は基本的に無料である。国家が高い教育費用を負担して、学生に授業料の負担を要求しない姿勢である。アメリカでは高い授業料を学生に課すが、奨学金制度の充実によって学生の経済負担を和らげようとする姿勢であった。このようにアメリカとヨーロッパでは学生負担を和らげる手段が異なる。日本は授業料などの学費の高さだけは、アメリカの姿に近い。しかし、アメリカほど奨学金制度は充実しておらず、学生や家計にとても重い経済負担を強いている。

もっとも、ヨーロッパは大学生の数が日本やアメリカより少ない。すなわち、一八歳人口のうち大学に進学する比率は日本やアメリカより低いのである。したがって、政府が国立大学に支出する教育費用は絶対額で評価すれば高くならずにすんでいるという事情もある。しかし、ヨーロッパでも最近は大学生の数が急上昇し、イギリスのように授業料を課すようになった国もある。またドイツのように、これまでは州立大学のみであったのが、私立大学が設立されるような国も現れており、ヨーロッパも変化の過程にあるといえる。

日本では、一八歳人口の五〇％以上が大学に進学するので、ヨーロッパのような授業料の無償化政策の導入は不可能だが、授業料の額を下げるというのは期待される政策である。

3　貧困家庭の増大と教育

高い学費や不十分な奨学金制度などの面から、低所得層の子どもが高い教育、例えば大学進学を望んだとしても、そこには様々な困難があることがわかった。しかも、近年の大幅な経済不況によって、そうした状況は深刻さを増している。

では次に、日本において低所得層の人、貧困に苦しんでいる人がどの程度いるかということにも目を向けておく必要がある。現在の日本の不備な学費援助制度のもとでは、低所得層や貧困の者が多ければ多いほど、教育の機会の不平等が強まることになるからである。

貧困率の上昇

日本が格差社会に突入したという事実は、そのことを認めない人も一部にはいるが、多数の人の認識するところとなった。一億総中流社会は過去の幻想となり、貧富の差の大きな社会になったのである（この過程の分析については、拙著『日本の経済格差』、拙著『格差社会　何が問題なのか』岩波新書、二〇〇六年などを参照)。子どもにどれだけの教育を受けさせられるかということに限定すれば、格差の上にいる人(すなわち裕福な人)の子どもは、子どもの能力が低いとか勉強に興味がないということがないかぎり、経済的な理由で教育を受けられないということにはならない。親の経済的条件というのは、貧困者にとって深刻な課題となる。ここでは貧困者に注目して論じることにする(日本の貧困に関する経済学的分析については、橘木・浦川邦夫『日本の貧困研究』東京大学出版会、二〇〇六年を参照)。

日本の貧困率(社会のなかで何%の人が貧困か)は、どのように変遷してきたのであろうか。貧困率の測定を含めて、所得格差を測定するには所得に関する統計データを必要とする。日本には各種の所得に関する統計が存在するが、それぞれの統計に特色、あるいは長所・短所がある(詳細については拙著『格差社会』参照)。そうした統計のなかで、厚生労働省による「国民生活基礎調査」が最も信頼度が高いと私は判断している。なぜなら、この調査には、日本人のあらゆる職業(働いていない人も含めて)やすべての年齢階層が含まれており、さらに税金、社会保険料、社会保障給付の情報を含んだ統計だからである。

そこでこの統計に依拠して、日本の貧困率を検証してみよう。実は、これまでの自民党政権下において、日本政府は公式には貧困率を公表してこなかった。そのため、国際機関による推計が日本の貧困率に関する唯一の資料であった。図4-7はOECDが発表した、先進諸国における貧困率である。

ここで貧困の定義を述べておこう。一世帯あたりの可処分所得（あるいは手取りの所得）を家族人数で調整した値を、最高の人から最低の人まで順に並べて、その真ん中の順位にいる人の所得（中位所得と呼ぶ）を基準とする。その中位所得の五〇％に満たない所得の人を貧困者と定義する。例えば二〇〇四年の数値であれば、中位所得は二五四万円と計算され、その半分の一二七万円以下の人が貧困者となる。こうした貧困者が社会全体のなかで何％いるかという数値が貧困率である。学問的な言い方では、相対的貧困率と呼ばれる。なぜ「相対的」かといえば、他の国民やその国の所得分配の現状と相対的に比較して定義されるからである。

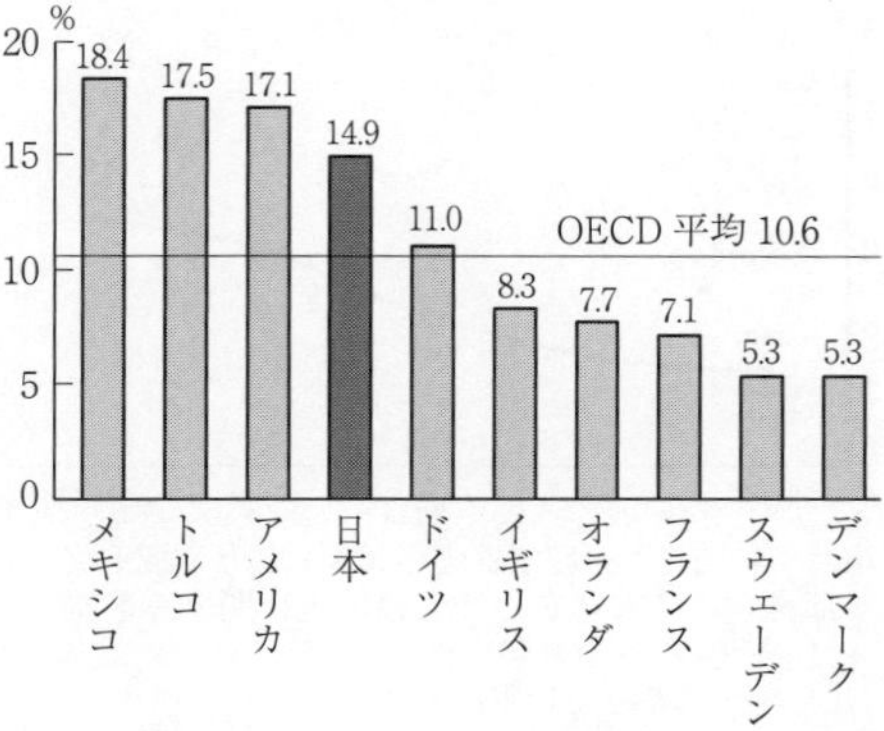

出所：OECD, *Growing Unequal 2008*

図 4–7　主要国の貧困率

参考までに他の統計資料で得られた貧困率も提示しておこう。図4-8は総務省の「全国消費実態調査」によるもので、厚生労働省のデータよりも貧困率の数値がやや低い。このデータは標本に

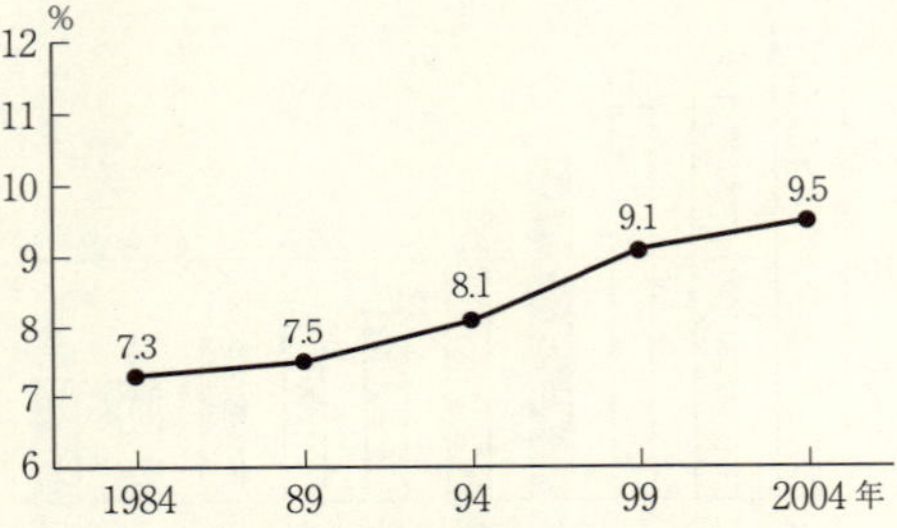

出所：総務省「全国消費実態調査」より作成，文部科学省「教育安心社会の実現に関する懇談会」報告書，2009 年
（注）物価調整した世帯ベース

図 4-8　相対的貧困率の変化

やや偏りがあり、年収にもやや誤差があるので、貧困率の数値の正確さでは劣っている。にもかかわらず、この図を紹介した理由は、二〇年前と比較すると貧困率が上昇しているという事実を指摘しておくためである。

図4-9は、働いている人、すなわち引退者や無業者を除いた人の間で貧困者がどれだけいるかということを示したものである。ここでも年収一五〇万円未満の人は、一〇年間で一九・四%から二四・三%に増加していることがわかる。これらの二つの図からも日本の貧困率が高まってきたことがわかる。

自民党政権から民主党政権へと代わり、政府も最近になって日本の貧困率を公表した。二〇〇九年一〇月の公表によると、二〇〇七年調査における日本の貧困率は一五・七%であった。これは図4-7のOECD諸国と比較しても、相当に高い数値である。日本の貧困問題が深刻な状況にあること、また日本経済が大きく低迷していることなどがうかがえる。

なぜこれほどまでに貧困率が高くなったのか。大まかに、その要因をあげてみよう。

第一に、日本経済が一九九〇年代から長期の大不況期に入ったことがあげられる。そのため、失業者が増大し、賃金も上昇せず、年によっては下降することもあったのである。第二に、企業は生き残りをかけて、労働費用の削減に走り、パート労働者や派遣労働者のような非正規労働者を増加したことである。第三に、ここ一〇年ほど、自民党政権が新自由主義による政策を推進し、規制緩和策などを実行して、社会における「弱肉強食」の度合いを強めたことである。第四に、財政難の影響を受けた、年金、医療、介護といった社会保障制度改革が、低所得層に大きな打撃を与える結果をもたらしたことである。そして、第五に、最低賃金が依然として低いため低賃金の歯止めとなっていないことや、生活保護制度が不十分で貧困者を救うためにうまく機能していないことなどもあげられる。

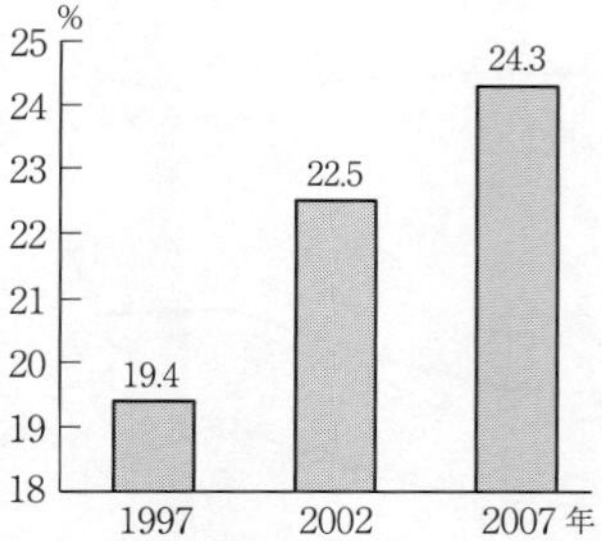

総務省「就業構造基本調査」より作成，文部科学省「教育安心社会の実現に関する懇談会」報告書，2009 年

図 4–9　年間労働所得 150 万円未満の労働者の割合

子どもの貧困率の上昇

教育に関していえば、子どもの貧困がより直截的な問題となるので、次にこれについて論じておこう。子どもは自分で所得を稼がないので、教育

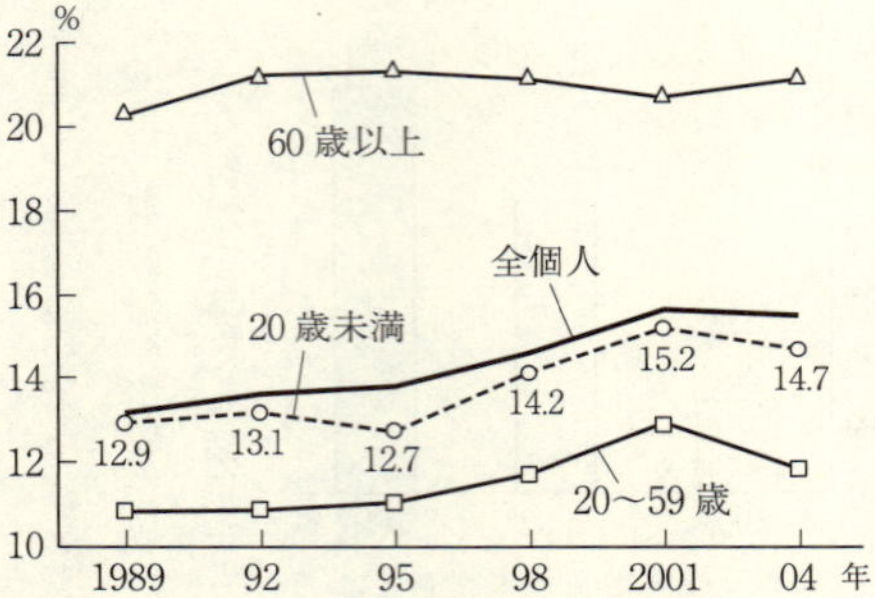

出所：「国民生活基礎調査」各年から推計，阿部彩『子どもの貧困』岩波新書，2008年

図4-10　貧困率の推移（1989–2004年）

費を負担してくれる親の貧困の度合いが、子どもの貧困の代理となる。図4-10は、貧困率の変遷を、二〇年弱にわたって示したものである。

この図によると、二〇歳未満の子どもでは一九九〇年ごろは一三・〇%前後の貧困率であった。しかし、その後急上昇して、二一世紀に入ると一五%を超え、二〇〇四年では一四・七%へとわずかに低下している。現在では、約七人に一人の子どもが貧困となっているというのが日本の実態である。これだけ貧困の子どもが多ければ、親が貧困で苦しんでいるだけに、子どもが希望しても満足な学校教育を受けられない場合も多く出てくる可能性が高い。

では、どういう親のもとにある子どもが貧困となっているのか。表4-2は、子どもの属する家族構成と貧困率の関係を示したものである。両親と子のみの世帯や、三世代世帯の子どもの貧困率は一一%でそれほど高くない。ところが、母子家庭の貧困率は六六%ととても高い。母子家庭の構成比は四・一%であり、一見低いようにも受け取れる。しかし、阿部彩が『子どもの貧困』(岩波新書、二〇〇八年)で指摘するように、離婚後の女性は子どもを連れて実家に帰っている場合もある。そうした母子家庭は、三世代世帯に入っていると解釈される。それらを調整すると、母子世帯の構成比は五・五%ぐらいと推計される。いずれにせよ、母子家庭が経済的に深刻な状況に置かれていることは間違いない。

他国と比較した場合は、どうであろうか。表4-3は、厚生労働省が公表した、一人親世帯(父子、母子の双方)の貧困率の数値を他の先進諸国と比較したものである。これによると、日本の一人親世帯の貧困率は五八・七%であり、突出して高い比率であることがわかる。OECD平均の三〇・八%の約二倍にものぼる高さである。ちなみに、親が現役世代(世帯主が一八歳以上六五歳未満)の子どもの貧困率は日本が一二・五%、OECD平均が一〇・六%である。日本では一人親世帯の貧困率が約五倍であるのに対して、OECD平均は約三倍であり、日本における一人親の子どもの深刻さがこれからもわかる。

一人親世帯の子どもが大変深刻な貧困状況にあると

表4-2　子供の属する家族構成と貧困率

	構成比(%)	貧困率(%)
両親と子のみ世帯	63.2	11
三世代世帯	28.5	11
母子世帯*1	4.1	66
父子世帯*1	0.6	19
高齢者世帯*2	0.1	—
その他の世帯	3.4	29

出所：阿部彩『子どもの貧困』岩波新書, 2008年
*1　親1人と20歳未満の子のみの世帯
*2　高齢者世帯は標本数が15と少ないため，統計的に有意な貧困率の推計は不可能

表 4-3　主要各国の貧困率 (%)

	一人親世帯	子どもがいる現役世代
デンマーク	6.8	2.2
スウェーデン	7.9	3.6
フランス	19.3	6.9
イギリス	23.7	8.9
OECD 平均	**30.8**	**10.6**
ドイツ	41.5	13.2
カナダ	44.7	12.6
アメリカ	47.5	17.6
日本	**58.7**	**12.5**

出所：『日本経済新聞』2009 年 11 月 14 日付
(注) 2000 年代半ばに調査実施. 調査時期は国により異なる

いうのが、日本の現状である。特に父子家庭よりも母子家庭で深刻である。母子家庭の母親の場合、低い賃金のパートなどの非正規労働者としてしか働き口のないことも多く、そうした厳しい就業状況が深刻な貧困を生む大きな要因となっている。しかも、男性に比して教育水準が低かったり、離婚するまで専業主婦であったので就業経験もとぼしく、ましてや単純な肉体労働をしようにも女性には限界がある。さらに、子育てに追われ、単身者や男性のように長時間働くことも難しい。こうした様々な不利な要因も重なって、一人母親の貧困は深刻化するのである。

大阪府のある大都市における母子世帯調査によると、そこで育った子どもの四割は中学で学業を終えるか、高校中退を余儀なくされているという報告もある。すでにみたように、日本では高校進学率が九五%を超えており、高校はほぼ義務教育化されている。そうした現状のなかで、母子世帯の子どもの教育達成は、高校を卒業できないケースも多いという非常に厳しい状況にあるといわざるをえない。不幸なことに、これら教育をまともに受けられなかった人は、次で示すように、親と同様に貧困者になる可能性が高まる。貧困の世代間再生産といえる。

低学歴者と就職

低所得者、特に貧困家庭に育った子どもが低い教育課程で終了せざるをえないことがわかれば、次の関心はそういう人はどういう職業に就き、どのように働いているか、ということになる。第1章で日本の学歴格差は三極化に向かっていると述べたが、ここでは主として高卒以下(高校中退、中卒を含む)である第三階層の低学歴者に注目する。

一時期フリーターという働き方が注目を浴びた。好きな職に就いて、そして好きな時期・時間に働く。かつて若者にとって自由を楽しめる働き方としてもてはやされた時代もあったが、実際には、低賃金でしかも厳しい労働条件下で働くことが強いられる。表4-4は、学歴別にフリーターになった人の割合を示したものである。この表によれば、中卒のフリーターは二〇〇二年において男性で二一・七%、女性で五〇・二%に達している。高卒でも、男性で一〇・七%、女性で三〇・四%に達していることがわかる。一方、短大卒や大卒の場合には一〇%以下(女性の短大卒だけ一六・〇%)なので、学歴が高いとフリーターになる割合は低くなるといえる。

フリーターになる人の大半は高卒、高校中退、中卒という低学歴層なのである。したがって、低学歴者であることは、フリーターになるリスクを背負っていることを意味する。フリーターになる若者がどのような学校、学科で学んでいたかについての調査によると、偏差値の高くない（すなわち学力の高くない）高校の普通科で学んだ卒業生、ないし中退者が多いという結果であった（『脱フリーター社会――大人たちにできること』東洋経済新報社、二〇〇四年）。高校で教える国語、数学、英語、理科、社会といった基礎科目、あるいは大学受験に必要な科目の勉強に興味をもてず、学習意欲を失った若者が多かったのである。しかも、教員は大学進学率を上げるために、その高校における大学進学希望者の教育には熱心であるが、大学進学を希望しないような自分たちには、あまり関心を向けないと不満を述べていた。

さらに、高校では普通科で学んでいるので技能を身につけることもなく、卒業あるいは中退しても即戦力として働けるような就職口もない。その結果、やむをえず、フリーターになった

表 4-4　学歴別フリーター率

（%）

	学歴	1982	1987	1992	1997	2002年
男性	小学・中学	4.3	9.1	12.3	15.6	21.7
	高校・旧中	2.4	4.4	4.9	7.2	10.7
	短大・高専	2.2	3.3	3.1	5.1	7.6
	大学・大学院	1.2	1.4	1.4	2.7	4.5
	全体	2.4	4.0	4.4	6.4	9.3
女性	小学・中学	12.9	27.2	32.1	42.4	50.2
	高校・旧中	6.5	10.7	11.1	20.0	30.4
	短大・高専	7.3	8.2	6.9	12.1	16.0
	大学・大学院	8.0	8.9	6.8	9.6	9.6
	全体	7.3	10.8	10.2	16.3	21.9

注：学歴不明は除いた
出所：小杉礼子・堀有喜衣編『キャリア教育と就業支援』勁草書房，2006 年

という若者が少なくなかったのである。商業科、工業科、情報科といった職業科で技能を学んだ高校生の場合、パートなどの非正規労働者になる比率が、普通科で学んだ生徒よりも低いとすでに述べたが、フリーターに関しても職業科で学んだ若者がなる比率は低かったのである。ここでも高校教育における普通科生徒の数が多いことの問題が明らかにされたといってよい。

では、そもそも、なぜ日本で低賃金労働者が多いのかということについても確認しておく必要がある。それは簡単にいってしまえば、パート労働、契約社員、派遣社員などのいわゆる非正規労働者が多いからである。後に正規労働者と非正規労働者の賃金格差を示すが、両者に大きな格差のあるのが日本の特色である。したがって、非正規労働者の数が多ければ低賃金に甘んじている人が多いことを意味する。日本の労働市場では、非正規労働者の大半が女性である。したがって、次に、女性に的を絞って、学歴と貧困の問題について検証してみよう。

非正規女性労働者の学歴

女性の正規労働者との比較のうえで、非正規労働者の学歴構成に注目すれば、どのようなことがわかるだろうか。表4-5は、それぞれの就業形態の労働者が、学歴別にどう分布しているかを示したものである。この表では派遣労働者が常用雇用型と登録型に区分されているので、その区別を簡単に解説しておこう。前者は、労働者が派遣元企業と期間の定めのない労働契約

表 4-5　女性の就業形態別にみた最終学歴（2003 年度）

（%）

	中学校	高校	専修学校	短大・高専	大学・大学院	合計
全体	3.6	51.5	10.0	21.5	13.4	100.0
正社員	1.1	44.7	10.1	27.0	17.1	100.0
契約社員	6.7	40.4	14.4	19.5	19.0	100.0
出向社員	4.8	46.8	11.1	23.5	13.7	100.0
派遣労働者（常用雇用型）	2.9	44.0	10.8	25.4	16.9	100.0
派遣労働者（登録型）	1.0	33.2	11.3	30.3	24.2	100.0
臨時的雇用者	18.8	41.1	5.8	7.2	27.2	100.0
パートタイム労働者	6.3	62.7	9.3	14.5	7.3	100.0
その他	8.4	55.4	10.0	16.2	9.9	100.0

出所：労働政策研究・研修機構『雇用の多様化の変遷：1994〜2003』2006 年より作成

（注）性別，就業形態，年齢に関する無回答を除外した

を結んだうえで、派遣労働に従事する形態である。後者は、派遣を希望する労働者が派遣元企業に登録したうえで、仕事があったときに、すなわち派遣先が決まるごとに派遣元企業と労働契約を結ぶ形態である。後者のほうが前者よりも雇用がはるかに不安定なので、登録型派遣は禁止すべきであるという声が高く、現政権もその声に応じようとしている。

まず女性全体でみてみると、大学・大学院卒が一三・四%、短大・高専卒が二一・五%とそう高くない比率である。これはあらゆる年齢の女性を含んでいるので、かなり古い時代に学校を卒業した年代の女性も多く、当時は女性の高学歴者はそう多くなかったからである。高卒が五一・五%と過半数を占め、中卒は三・六%と非常に低い。女性には一〇%の専修学校卒がいることは記憶してい

てよい。

次に、最終学歴ごとに非正規労働の数値に注目してみよう。その就業形態において、ある学歴の数値が大きくなっていれば、その就業形態にはその学歴の人が多数いることを示す。逆に小さい数値であれば、その学歴は少数派となる。大卒に関しては、正社員、契約社員、出向社員、常用型派遣、登録型派遣、臨時的雇用者が多く、その他の形態は逆に少ない。特に登録型派遣と臨時的雇用に大卒者の多いことが目立つ。一方、大卒のパートタイム労働者は七・三％と低く、大卒女性にはパートタイム労働者となる場合は非常に少数であると判断してよい。

短大卒の女性に関しては、常用型派遣と登録型派遣が目立って高いことがわかる。それに続いて出向社員もかなり高い。正社員も少し高い比率であるが、その一方で、大卒と異なり、パートタイム労働も少し存在している。短大卒の女性は派遣労働に集中しているといえる。

高卒女性に関しては、すべての就業形態に満遍なく行き渡っていることがわかる。それは全体の平均値より少し低い比率で示されているからである。ただし、注目すべきことは、パートタイム労働者の六〇％強が高卒で占められていることである。

ここで述べたことを要約すれば次のようになる。正規労働者(正社員)に関しては、女性全体の学歴分布に近い分布をしているので、すべての学歴にほぼ満遍なくわたっている。大卒に相対的に多いのは、臨時的雇用者と登録型の派遣労働者であり、逆に高卒はパートタイム労働が目立って多い。学歴が高ければ派遣労働に就く可能性が高くなり、逆に低ければパートタイム労働に就く可能性が高くなる。この差は、大卒と高卒の習得した技能水準の差から生じたものと理解できる。すなわち、大卒は専門的技能をもっている女性の比率が高いが、高卒の場合はその逆で、目立った高い専門的技能をもっていない人が多いからである。前者は派遣労働者になりうるが、後者はそれほど高い技能を期待しないパートタイム労働者になるのである。

女性の賃金格差

このことを如実に物語る資料がある。正社員、契約社員、登録型派遣労働者、パートタイム労働者の四者が、どのような職種に就いているかという分布表である。表4-6は、八種類の職種において、女性の多様な就業形態がどう分布しているかを示したものである。正社員に関しては、六九・六%が事務の仕事に従事しており、圧倒的に高い比率となっている。次いで専門的・技術的な仕事が九・九%、販売の仕事が七・四%となっているが、相当低い割合である。さらに低いのがサービスの仕事と技能工・生産工のそれぞれ五・〇%弱である。女性の正規労働者は大半が一般事務に従事しているのである。

それが契約社員となると一変する。専門的・技術的な仕事が五七・八%を占めて非常に高くなり、次の事務の仕事の二〇・五%よりはるかに高い。女性の契約社員は高いレベルの職種に

表 4-6　女性の就業形態別にみた職種構成割合の推移(2003 年度)

(%)

	専門的・技術的な仕事	管理的な仕事	事務の仕事	販売の仕事	サービスの仕事	保安の仕事	運輸・通信の仕事	技能工・生産工程の仕事
正社員	9.9	3.7	69.6	7.4	4.4	0.0	0.4	4.6
契約社員	57.8	0.5	20.5	3.6	7.4	0.1	0.6	9.5
派遣労働者(登録型)	7.5	0.4	80.5	1.8	3.9	0.0	2.1	3.7
パートタイム労働者	7.6	0.4	27.7	14.6	29.1	0.1	3.1	17.4

出所：労働政策研究・研修機構『雇用の多様化の変遷：1994〜2003』2006 年より作成

(注) 就業形態及び職種に関する無回答，及び職種の「その他の仕事」は除外した．就業形態ごとに全職種の値(比率)を合計すると 100 となる

就いており、給料もそれに応じて高いものと思われる。他には、サービスの仕事や技能工として働いている女性もそれぞれ一〇％弱おり、これらの職種も無視できない。

登録型派遣労働者は、事務の仕事に従事している者が八〇・五％と非常に高く、この種の派遣労働者は一般事務で占められていることがわかる。登録型派遣イコール事務職といっても過言ではない。次に多いのが専門的・技術的な仕事の七・五％であるが、むしろ非常に低い比率とみなしたほうがよく、登録型派遣すなわち一般事務職という事実を裏づけた証拠である。

パートタイム労働者に関しては、契約社員(すなわち、専門的・技術的な仕事)や登録型派遣労働者(すなわち、事務の仕事)のよう

に突出して多い職種はなく、比較的様々なところに分散している。とはいえ、そのなかでも比較的多く就いているのは、サービスの仕事の二九・一%と事務の仕事の二七・七%である。前者はスーパーマーケットのパートタイム労働を想像すればよい。さらに続くのは、技能工・生産工と販売の仕事で、それぞれ一〇%台である。これらの職種はそれほど高い技能を必要とせず、単純労働が多い。パートタイム労働は、様々な仕事や職種に分散しているが、要約すれば、比較的単純労働に従事している人が多いということになる。

正規労働者と非正規労働者の賃金格差はどうだろうか。月額賃金を比較する前に二つのことを知っておきたい。一つは、ほとんどの非正規労働者にはボーナス支給がないか、あっても少額だということである。もう一つは、かなりの数の非正規労働者が、雇用、年金、医療、介護といった社会保険制度から排除されていることである。したがって、非正規労働者の労働条件はかなり劣悪な状況にあるといえる。

月々に受領する賃金はどうであろうか。労働時間で調整した一時間あたり賃金額を、女性に関して、様々な就業形態別に示したのが表4-7である。この表で示された一時間あたりの賃金額は、労働者の特性(例えば、年齢、勤続年数、学歴、職種など)によって調整されていない数値である。それらの効果を無視して、特定の就業形態に属する労働者の平均賃金額であるということに留意する必要がある。ただし、くり返すが、労働時間での調整はなされている。

この表の二〇〇三年時で最も高い賃金は出向社員の一五一五円である。一方、最も低い賃金はパートタイム労働者の八八一円である。出向社員の勤労期間は短期の場合が多いが、一つの企業から他の企業に働きに出ている労働者には、高い賃金を払っているのである。出向社員の数は多くないが、数の多い正社員は一二五八円であり、二番目に賃金の高い就業形態となっている。次いで、常用型・登録型の派遣労働者や契約社員の賃金は一〇〇〇～一一〇〇円台であり、平均額で評価すると正社員よりやや低い賃金である。でも職種によっては、これらの就業形態のほうが高い場合もありうる。

表 4-7　女性の就業形態別にみた労働時間調整済みの時間給

(円)

	平均	
	1999 年	2003 年
正社員	1418	1258
契約社員	1370	1134
出向社員	1440	1515
派遣労働者(常用雇用型)	1192	1045
派遣労働者(登録型)	1346	1168
臨時的雇用者	922	888
パートタイム労働者	956	881
その他	1029	940
合計	1221	1096

出所：労働政策研究・研修機構『雇用の多様化の変遷：1994～2003』2006 年より作成

(注) 性別，就業形態に関する無回答を除外した．消費者物価指数(2000 年基準・帰属家賃を除く)による物価上昇率調整後の金額である

女性にとって最も数の多いパートタイム労働者の賃金は、様々な就業形態のなかで最低の賃金であったが、他の形態との比較も重要である。ここではフルタイムで働いている正社員との比較が最も価値がある。フルタイマーが一二五八円であるのに対して、パート

タイマーは八八一円なので、およそ七〇%の賃金を受領していることになる。

正社員には責任能力が期待され、またその仕事にはある程度の難しさもともなうので、パートタイマーより賃金が高いことはある程度納得できる。しかし、多くのパートタイマーがこの賃金格差は大きすぎると判断している。こうした格差を是正し、両者を公平に処遇するためには、すでにオランダなどが導入しているような同一価値労働・同一賃金の原則を日本でも導入する案が考えられる。簡単にいえば、同じ仕事をしている人には、正規・非正規といった就労形態などでの身分の差とは無関係に、一時間あたりの賃金を同一にする原則である。日本の労使関係の現状からすると、この原則をすぐに導入するには様々な困難がともなうと考えられるが、こうした方向へと進み、格差が是正されていくことが望ましいということは指摘しておく。

この節でみてきたことをまとめれば、学歴の低い者は非正規労働者になる確率が高くなり、しかも、それらの労働者の賃金は正規労働者と比較すればかなり低くなるということである。これが日本の現状であり、低い学歴の者は、低い所得に甘んじざるをえなくなる傾向が現代において高まっているのである。

さらに前節まででみたように、公的教育費支出が少なく家計負担への依存が高まっている現状では、貧困家庭の子どもが大学などへ進学することがますます困難になっている。貧困家庭の増加とあいまって、低学歴者が低賃金に置かれることは大きな問題をはらんでいる。

第5章　教育の役割を問う

ここまで、教育をめぐる様々な格差の存在についてデータを使いながら確認してきた。特に、前章でみたように、日本の公的教育費支出などの少なさが、子どもの進学に際して機会の平等を損なうという影響を与えていることは問題であろう。では、こうした教育格差をどうすべきか。そのことを論じるために、そもそも、社会における教育の役割、目的とは何なのか、ということから考えてみよう。そうした議論を踏まえたうえで、格差をどう考えればよいかなどを検証する。

1　教育の目的を検証する

教育格差を是正する、もしくは教育改革を図る直接の担当は、文部科学省、教育委員会、教員を含んだ教育界に属する人々である。そして、最終的な決断は政治の場となる。政策の立案に際して、教育界はどう動けばよいか、といった全体像を後押しする教育思想ないし教育哲学を考えることも重要である。いくつかの教育思想・哲学を論じておこう。

三つの基本思想

広田照幸（「教育改革の構図と今後の諸構想」『全労済協会だより』vol.32、二〇〇九年）によると、現時点で教育改革を推進する考え方として、三つの大きな流れがあるという。それらは、（A）族議員・文部科学省を中心とした規制主義、（B）市場原理を主軸としたネオ・リベラリズム、（C）政治的リベラル・社会民主主義、である。これらを簡単に解説したうえで、私の考えも追加しておこう。

（A）族議員・文部科学省を中心とした規制主義

これは、自民党政権時代にいわゆる文教族と呼ばれた国会議員と、文部科学省が結託して日本の教育界を規制しようとしてきた潮流である。すなわち強い官僚規制が中央と地方の教育界を統制してきたのだが、それを文教族の国会議員が後押ししたのであった。こうした国会議員は主として自民党政権下の与党議員であった。もっとも、二〇〇九年九月に新たに民主党政権が誕生したことにより、これまでの文教族を担っていた自民党議員は野党となった。したがって、かつての族議員らが、どれだけ力を発揮できるか不透明だし、〝脱官僚〟が新政権の標語なので、この（A）の勢力は今後弱くなる可能性がある。

この（A）の考え方の基本は、中央による統制のとれた画一教育を理想とする点であり、そこに最大の特徴があった。全国を統一した教育制度のもとに運営することで教育の質を保ち、そのためにできるだけ中央からの規制を保持・強化することに主眼を置いてきた。しかし、必ずしも政府が大きな教育費支出をすべきだとは主張せず、教育費は家計による負担が主であってよい、という考えを間接的にせよ支持してきた。

(B) ネオ・リベラリズム

新自由主義と訳される思想であるが、自由をとことん尊重することに価値を置く考え方である。規制を排除し、市場原理に委ねることを特徴とし、教育の世界にも競争原理をできるだけ導入して、教育を効率的に運営することを目指す。市場を重視することから、政府による教育費支出は最小に抑える政策を望ましいとする。

(C) 政治的リベラル・社会民主主義

旧社会党の教育政策に起源をもつ流れである。すでに述べたように、数十年前まで日教組は教育行政に対して大きな影響を与え、旧文部省の教育政策にも対抗する姿勢を示してきた。そうした日教組を中心に支えられてきたこの流れも、現在は影響力が低下し、社会民主主義といったマイルド(穏健)な考え方へと転換している。

この思想と、いわゆる平等主義と自由主義を標榜する政治的リベラル主義がかなり接近したので、両者を結びつけて「政治的リベラル・社会民主主義」と呼ぶ。しかし細かい点に注目すれば、後に明らかにするように、この考えにもいろいろな思想・主義が混在している。

五つの思想に細分化すると

広田による三つの基本思想をもう少し詳しくみると、五つの教育方法・思想に分類できるのではないだろうか。

(A1) 画一的な規制教育

これは(A)の考え方をそのまま代表させてよいもので、ここでは再述しない。

(A2) 保守主義教育

文部科学省の中央規制による教育政策とは少し性格を異にして、いわゆるイデオロギーとしての保守思想に基づいて教育をとらえる考えである。例えば、卒業式などにおける国旗掲揚や国家斉唱の強制に代表されるように国家主義を標榜し、道徳教育の重要性を説く流れである。学校では教師と生徒、家庭では親と子、あるいは夫と妻、企業では上司と部下といった縦の関係における主従関係の大切さなども強調する。

この思想は、戦前において、「教育勅語」が全国の学校に配布され、生徒が奉読させられたこととも重なる。教育勅語は、日本を天皇制国家とし、儒教主義に立脚した道徳教育などを説いていた。そうした考えをベースにした修身科も必修とされた。

第二次世界大戦後の新憲法の発布により、こうした考えは排除された。しかし、この考え方を教育に復活させるべきだとする動きが、一部に存在してきた。二〇〇六年に、戦後はじめて教育基本法が改定されたのも、こうした保守主義の考えを盛り込もうとする動きに後押しされたところが大きい。

この考えに反対する動きも根強く存在する。入学式・卒業式での国旗掲揚・国家斉唱に反発し、教員が処罰される事件がくり返されてきた。

この考えは、政治的な思想の問題と結びついたものである。本来ならば「思想の自由」が尊重されるべき教育界に、そうした考えを持ち込むべきではないと考えるが、ここでは、これ以上言及しない。

(B) ネオ・リベラリズムによる教育

先述した(B)に基づく教育であるが、もう少し詳しくみてみよう。

これは、ハイエクやフリードマンの経済思想が教育にまでおよんだものと考えてよい。民間の自由な経済活動と、個人の自由な選択を保障することが、経済の繁栄と個人の幸福をもたらすという信念から、教育においても自由と選択が保障されるべきと考える。

例えば教育を受ける側、すなわち生徒は自分の希望する学校へ自由に進学できるような制度が好ましいとみなす。したがって、一学区一校制などといった規制は排除され、どの学校に通うかは生徒・学生の選択に任される大学区制が良いとする。

そうすれば、多くの生徒の集まる優秀な学校とそうでない学校とに二極化するが、優秀な生徒の集まらない学校は、生徒を引きつけるために教育の質の向上を目指して努力するだろうし、優秀な生徒の集まる学校も生徒を確保するために同じく努力するだろう。それによって、教育の効率性が高まると主張する。

こうした自由によるメリットを尊重するのが、この派の根本思想である。したがって、すでに述べた(Ａ1)とは対立する。

もっとも、ここで述べたメリットが逆にデメリットになる可能性はすぐに想像がつくだろう。いま例としてあげた個人が自由に学校を選択できる大学区制の場合、学校間で生徒の学力による格差が生じ、それが拡大し固定化するおそれがある。すなわち、格差のもとに位置づけられた学校には優秀な生徒は集まらず、努力しようにも限界が生じる。そうなれば、学校間格差が縮小するどころか、むしろ拡大する可能性が大きい。この現象が、本書で指摘してきた学校間格差の存在する要因であり、この問題は後に再び論じることにする。

日本の教育では、小泉政権以降、次々と新自由主義政策が進められてきた。教員免許更新制の導入や、規制緩和によって株式会社にも学校の設置・運営に参入させるなど、効率を優先させる政策がとられた。続く安倍政権下では、学校選択制の促進と児童・生徒数に応じた予算配分を行う「教育バウチャー制」をはじめ、さらに新自由主義政策を推進しようと試みた。しかし、政権が長続きしなかったこともあり、実現には至らなかった。

このように新自由主義的な教育改革は頓挫したように受けとめられる。しかも、民主党政権の誕生により、新自由主義を推進する動きも一歩後退した感がある。今後、新たな転換がみられるかもしれないが、その中身はまだ不透明である。

（C1）日教組的な批判勢力による考え

一九六〇年代初めの全国一斉学力調査反対運動、あるいは教員に対する勤務評定反対運動などを主導した日教組が、（A1）の族議員・旧文部省による教育政策に、強硬な反対運動を展開したことはすでに述べた。特に子どもを「成績」に応じて分類し、その序列のもとで「能力主義」に応じた「差別教育」を行うことに反対する姿勢が強かった。格差を肯定したり、選別をあからさまに行う教育に対する反対である。これらの反対運動は一定の歯止めとして成功したが、その後、すでに指摘したように日教組の力が弱まり、抵抗勢力としての役割も低下した。

このような革新勢力も沈滞化して、ヨーロッパにおける社会民主主義の思想に接近することになり、いわゆる福祉国家の枠内において、平等で多元主義的な社会を目指すような教育政策を採用するところとなった。そして次に詳しく述べるリベラルな教育政策と大きな差がなくなる方向へと進むことになる。

（C2）政治的リベラリズムによる教育

リベラリズムは、二〇世紀最大の哲学者とされるジョン・ロールズの『正義論』(一九七一年)の議論によって代表される。その後ロールズは、二〇〇一年になり、『公正としての正義 再説』(田中成明・亀本洋・平井亮輔訳、岩波書店、二〇〇四年)でリベラリズムに代わって、「政治的リベラリズム」という彼独自の用語を使うようになる。そのことに留意して、単にリベラリズムではなく「政治的リベラリズム」という言葉をここでも用いる。ゆえに、意味からすれば、リベラリズムという言葉でもよい。

ロールズは『正義論』のなかで、リベラリズムには二つの原理があるとした。第一原理は「自由の原理」と称され、すべての人は何人《なんぴと》にも侵されない基本的な自由の権利を有するとする。第二原理は有名な「格差原理」であり、社会で最も恵まれない人の利益を最大にすることを説き、すべての人に公平な機会が与えられるべきだと主張した。これが現代におけるリベラリズムの基本的な思想である。

私は、このリベラリズムが教育において重要であると考える。それは、自由を認めず、上からの統制を主導する思想にも、あるいは、自由を何よりも優先させ、結果の不平等を問わない思想にも問題があると考えるからである。その問題性については、いま簡単に指摘してきたつもりである。しかも、現状の教育格差をどうするかを検討するにあたっては、ロールズの主張には参考にすべき示唆が含まれている。したがって、次節では、このリベラリズムに立脚して教育の問題、教育格差をどうするかなどを考えていこう。

2　リベラリズムと教育政策

リベラリズムとは

リベラリズムを「自由主義」と訳すと誤解を与えるので、自由主義という言葉ではなく、そのままリベラリズムという用語を用いる。というのも、宮寺晃夫が著書『リベラリズムの教育哲学——多様性と選択』(勁草書房、二〇〇〇年)で的確に指摘しているように、ロールズの定義に従うと、訳語の「自由主義」は第一原理しか考慮に入れておらず、第二原理は考慮外という印象を与えてしまうことになるからである。

あるいは、ネオ・リベラリズムを「新自由主義」と訳しているため、リベラリズムは「旧自由主義」における自由だけを尊重する一派と混同されかねないおそれがある。このようにリベラリズムを自由主義と訳すと誤解が生じるのである。

さらにいえば、法哲学者の井上達夫は、リベラリズムを自由主義と理解することは正しくないとまで主張しているほどである。井上は、自由はリベラリズムにとって大切な価値ではあるが、最も根本的な価値ではないとしている(『他者への自由——公共性の哲学としてのリベラリズム』

創文社、一九九九年、および『自由論』岩波書店、二〇〇八年）。自由は解放者にも抑圧者にもなりうる危険な両義性を含んでいるので、正しく使わねばならないと井上は指摘する。そして、むしろ自由の師となる価値理念は正義であり、正義こそがリベラリズムの根本理念であるとする。

現代の代表的リベラリストであるロナルド・ドゥウォーキンは、「平等な尊敬と配慮への権利」という平等主義的な人格権をリベラリズムの根底に置いている（小林公・大江洋・高橋秀治・高橋文彦訳『平等とは何か』木鐸社、二〇〇二年。*Sovereign Virtue: The Theory and Practice of Equality*, Harvard University Press, 2000）。ここでも平等が自由よりも優位に立っている。

以上の議論を踏まえ、リベラリズムは、宮寺がうまく定義するように、「個人による意思決定の自由を尊重するとともに、その自由が人びとのあいだで平等に共有されることを望ましいとする社会的立場」とする（『リベラリズムの教育哲学』）。やさしくいえば、リベラリズムとは自由を平等に配分していこうとするし、自由とともに平等の契機（あるものを動かしたり、規定する根拠・要因となりうること）として成立しているとみなす。

教育におけるリベラリズム

自由と平等を重視するリベラリズムから教育を考えてみることにしよう。

リベラリズムを自由だけに限定すると、平等概念が横に追いやられる。そのため、自由な教育は教育を受ける人々の教育格差(例えば学力や学歴による差)を拡大するだけになる。このような考え方はマルクス主義から提出されてきた。

新自由主義に立脚して規制を排し、市場原理に基づいて教育政策を実施すれば、教育格差が拡大することは、本書でも確認してきたことである。最もわかりやすい例は、裕福な家庭に育った子どもは質の高い教育を受けられるのに対して、貧困家庭に育った子どもは質の低い教育しか受けられず、教育格差が広がってしまうという場合である。マルクス主義はこの新自由主義の教育思想を批判してきたといってよい。マルクス主義の教育思想としては、ともに経済学者であるサミュエル・ボールズとハーバート・ギンタスによる『アメリカ資本主義と学校教育』1・2(宇沢弘文訳、岩波書店、一九八六、八七年。*Schooling in Capitalist America —— Educational Reform and the Contradiction of Economic Life*, Basic Books, 1976)が代表的である。

この問題を考えるにあたって、例えばリベラリズムのもう一つの柱は平等であるため、どのような家庭環境に育った子どもに対しても、平等な教育を施すという政策目標を考えてみよう。学校間の格差をなくして、すべての生徒・学生が画一的な教育を受ける学校制度(例えば一学区一校制)を想定すればよい。現在では公立校の一部に学校選択制が導入されているケースもあるが、かつて大半の公立の小・中学校はこのような教育制度下にあった。

すべての生徒・学生が同じ教育を受けるので、一見平等主義的な教育政策のように映るが、この制度でも問題は生じる。つまり、このような教育制度でも、教育を受ける人の能力や努力によって差が生じてくるということである。これは、分析的マルキストで政治学者であるジョン・ローマーが『機会の平等』(*Equality of Opportunity*, Harvard University Press, 1998)で行った問題提起である。教育の機会平等の問題を考えるとき、私自身はマルクス主義経済学者ではないが、ローマーの書物に最もよき刺激を受け、賛同するところも多い。次にローマーの教育思想について検証してみよう。

ローマーの教育機会平等論

ローマーの主張したかったことは、第一に、人には生まれつき能力差というものがあり、それを認めなければならないということである。これにはＩＱなどで測定される学力関連の能力のみならず、身体能力、容姿、性格なども含まれるが、ここでは主として学力関連の能力で代表させよう。人々に生まれつき能力差のあることは当然であり、能力の高い人は努力すればますます学力は高くなるが、能力の低い人は同じ努力をしてもなかなか学力は向上しない。この生まれつきの能力差は本人に責任がないことなので、能力の低い人に当局は多額の教育投資をして、その人々の学力を高くする責務があるとローマーは主張した。

第二に、たとえ生まれつきの能力が同一であったとしても、人によって努力する人と努力しない人の差があるということである。努力する人としない人の間で、結果として教育格差や所得格差が生じることは、多くの人が容認するところとみなせる。しかしローマーが関心を寄せたのは、社会で努力する人と努力しない人は何が違うか、ということである。その差は、生まれ育った家庭環境の違いによって決定されるとローマーはとらえたのである。

ローマーの言葉によると、前者は都市の郊外に住む中・上流階層で、親の教育水準が高い子どもであり、兄弟数は少ない。一方、後者は都市の人口密集地帯に住む下流階層で、親の教育水準が低く、兄弟数が多いということになる。ローマーの出身国アメリカでの追加的特色を述べれば、前者は白人層が中心であるのに対して、後者は黒人層が中心であるということになる。仮に前者の子どもと後者の子どもは生まれつきの能力が同一であると想定したとしても、前者の子どもはよく努力して勉強するだろうし、後者の子どもはあまり努力せず勉強もしないだろうというのがローマーの考えである。

前者の子どもは高い学力をもつことになり、したがって高い教育を受けるだろうし、後者の子どもは低い学力のままで低い教育水準に甘んじることになるだろう。なぜそのような差が生じるかといえば、前者は努力することの価値を知っているし、後者はそれを知らないからだとローマーは述べている。これは苅谷剛彦が指摘した「インセンティブ・ディバイド」(『階層化日本と教育危機』)と似た考え方である。

ローマー、苅谷の言説にもう一つ私から加えると、前者の子どもの通う学校は教育の質が高く、生徒の学力がますます伸びるのに対して、後者の場合は質が劣るために、生徒の学力が伸びないという場合もありうる。この理由が正しいのなら、その是正のためにラディカルな政策を要請することは可能である。すなわち、後者の学校に多額の教育投資を行って、生徒一人あたりの教員の数を増加するとか、優秀な教員をそこに集中的に送り込む、あるいは教育方法を改善するという案である。この案はなかなか実行が困難であるが、社会での合意があれば不可能ではない。

この案を日本に即していえば、例えば、学力の低い「僻地」の学校をここで述べた方策で優遇するとか、大都市であっても貧困者が多く住む地域で、学力の低い子どもの多い学校への教育投資を集中的に行うという案である。苅谷の『教育と平等』によれば、「僻地」対策に関しては、一九五〇年代に採用された経緯があり、ある程度の成功を収めたという。しかし現代に至って、再び「僻地」の学力低下が問題となっている。また、すでに述べたように、大都市の貧困地域における学力低下の問題も浮上しているので、似たような政策による解決が急がれる。

アメリカではもっとラディカルな政策が採用されたことがある。白人地区と黒人地区の間に存在する学校格差を是正するため、郊外に住む白人地区の子どもを都心にある黒人地区の学校に、逆に都心の黒人地区の子どもを郊外の白人地区の学校に、強制的にバスを用いて集団で通学させる政策である。アメリカでは人種問題を解決するための一つの象徴的な手段として、一九六〇年代から七〇年代に、こうしたバス通学による人種融合政策が、教育の現場で導入されたのである。社会的にも大きな反響を呼び、私もアメリカは思い切った政策をとる国だと感じた記憶がある。

この政策が教育格差是正のためなのか、それとも人種差別是正のためなのか、あるいはその両方のためなのか、にわかに結論を出せるほどの情報を持ち合わせていない。したがって、私は賛否の判断をしないでおく。しかしこの政策は、人種問題のほとんどない日本にあっても、導入を検討する価値はあるかもしれない。例えば、東京都で学力の高い学校の多いA区と、学力の低い学校の多いB区の間で、半数の生徒を強制的に互いの区の学校へ通学させるという政策である。もっとも現実的には、日本においては、このような政策は親や住民などの強硬な反対を受けて、実行不可能であろうと予想される。したがって、アメリカでは、こうした急進的な政策を実際に導入したこともあるということを参考までに紹介するにとどめておこう。

日本において導入可能な政策は、くり返すことになるが、B区に教育費を多く投入すること、すなわち一学級あたりの生徒数を少なくするとか、優秀な教員を多く配置したり、教育方法を改善するなどの政策であろう。

選択の自由と平等の問題

公立と私立との格差については、すでに第3章で指摘したが、教育の平等という観点から、もう一度取り上げて論じてみよう。仮に公立A中学校と私立B中学校を想定してみる。A中学校は授業料ゼロだけに、B中学校のほうが学費は高くつく。しかしB中学校は優秀な生徒と有能な教員を抱えているので、大学進学の実績は良く、人気が高い。

こうしたケースについて、宮寺晃夫は、私立B中学校への進学がすべての者に開かれていないのは、「道徳的な問題」になりうると主張している（『教育の分配論——公正な能力開発とは何か』勁草書房、二〇〇六年）。例えば、入学前に塾などの学校外教育を受けられない家庭の子どもは、B中学校の入試で合格に達するまでの学力を成就できないし、仮に合格しても高い学費を払い続けることが不可能な場合もある。誰でも私立B中学校を受験する自由な選択の機会は与えられているが、経済的な理由や学力不足から選択を避けざるをえないことがありうるので、これは公正（ないし平等）の見地から道徳的な問題にはなりうるだろう。

しかし、公立A中学校のほうが学費が安いわけで、その学校を選択する自由は開かれているので、完全に道徳的な問題とはなりえない。つまり、たとえ私立B中学校を選択できない家庭の子どもであっても、少なくとも公立A中学校には進学できるからである。

したがって、公立中学と私立中学の間ではそれほど深刻な道徳的な問題となりえないが、公立中学校間の選択となれば話は難しくなる。例えば、東京都品川区では、二〇〇〇年に中学区制下での学校選択制が中学校に導入され、注目を集めた。現在では東京都区部をはじめ全国各地に広がりをみせているが、どの公立中学に進学するかという選択の問題が発生している。また公立の中・高一貫校も導入されつつあり、選択の自由の問題を複雑にしている。教育の自由を確保するための政策が導入されつつあるといってよい。

この問題に関しては、日本の教育界において、まだそれほど深刻な問題になっていない、と宮寺は判断している。その根拠として、次の二つをあげている。第一に、日本では少なくとも義務教育段階までは、子どもは同じ地域で一緒に育てられるほうが良いという地域の共同体意識が残っているとみなせること。第二に、公立の小学校、中学校ともに、ある程度のレベルの教育を生徒に与えることに成功してきたことである。

私も、この二つの理由は正しいと考えるが、このような側面にそれほど関心をもたない家庭も増えており、私立中学へ進学する子どもが増加しつつあることは気になる。私立中学に進学したいのにもかかわらず、先述したような経済的な理由などで私立をあきらめた中学生をどう考えればよいかという問題が残る。もっとも、そういう中学生であっても義務教育なので、公立中学校に進学できる権利は確実にあり、大きな問題とはいえないとの反論はありうる。

特に宮寺のあげた第一の理由のメリットが、今日それほど意識されていないとすると残念である。それは、このメリットは具体的に次のように解釈できると考えるからである。すなわち前章でも指摘したように、義務教育の段階において、世の中には様々な特質と家庭環境をもった生徒がおり、そのことを身をもって体験することのメリットである。社会はあらゆる種類の人間の集合体であるということを実際に体験できる価値は非常に大きいと考える。それを知らずに大人になれば、人によっては排他的な思想をもつことになるかもしれない。

そういう意味からも、私個人は義務教育の段階に関するかぎり、多様な生徒の通う学校制度が望ましいと判断している。したがって、私自身は私立B中学校のような存在は好まない。ただし、高校の段階では、能力があり意欲の高い生徒の学力をもっと高めることがあってもよいと判断するので、B中学校のような私立高校はあってもよいと考える。大学の段階となると、大学間に質の格差が生じることに反対する意見はほとんどない。

もっとも、公立の小・中学校におけるいじめや校内暴力などの問題がメディアでも頻繁に取り上げられる一方、私立の小・中学校ではこうした問題は、それほど表面化していない。だから、そうした公立校に自分の子どもを通わせたくないとする親の気持ちは理解できる。そのため、公立校におけるこうした問題を学校だけでなく、社会としても解消する努力が必要であることはいうまでもない。

ハーグリーブズ・ウォルフォード論争

一九八〇年代から九〇年代にかけて、「選択の自由と平等」をめぐり、イギリスの教育学者ハーグリーブズ(オックスフォード大学)とウォルフォード(ケンブリッジ大学)の間で論争が展開された。自由と平等を考えるうえで参考になるので、この論争を簡単に紹介しておこう。二人ともイギリスの名門大学に所属しながらも、ライバル大学という側面もあり、興味は尽きない。なおこの論争については宮寺『リベラリズムの教育哲学』で詳しく論じられており、ここではそれに準拠している。

ハーグリーブズは一九八〇年代までは総合制の教育、あるいは学区内の唯一の公立校に、そこに居住するすべての生徒が通うのをリベラルな制度とみなしていた。すなわち機会の平等性を重視していたのである。ところが一九九〇年代に入って考え方を変え、区域内に複数の学校の存在を認めて、親や子どもに自由な選択を認めることをリベラルな制度とするようになった。いわば自由を重視するようになったのである。わかりやすくするために、イギリスでの呼称にならって、前者の学校制度を「総合制」、後者の学校制度を「選択制」と呼ぶ。

ハーグリーブズが選択制に考えを変更した理由には、区域内の総合制の学校に満足している人がおらず、満足のいく学区に住所を移したり、私立校に入学するなどで余分な学費を払うことになっていることにあった。かえって教育の質や環境を低下させてしまっていたのである。

それを避けるために、区域内に複数の学校を設け、それらのどこにでも進学できるようにする。そうすれば、質の高い学校が自然とでき、その学校に良い生徒が集まることになる。

一方、不人気の学校には、教員の配置、設備の整備、指導法の改善などを政府が支援して、学校の質を上げるような努力をする。それが成功して学校間格差が縮小すれば、全体としてその区域内の学力が向上するので、好ましい結果となる。しかし、不人気の学校での努力がうまくいかず、志願者の数が減少した場合には、廃校もやむをえない。ハーグリーブズはこのように判断した。

これに対して、ウォルフォードは、ハーグリーブズのような制度がうまく進む保証はないと主張し、不人気校への国による支援策も認めなかった。ウォルフォードは、選択制の導入によって社会的な統合が崩れ、むしろ社会の分断が進むと判断し、区域内においてトップ校からボトム校まで学校の序列化が進むと予想したのである。それは社会的分断の固定化につながるとして、ウォルフォードは「総合制」を支持した。

ウォルフォードは、もし学校間の格差が「総合制」でも生じ、仮に志願者が入学定員より多くなる学校があっても、入学試験による選抜ではなく、ランダム選抜（例えばくじ引きなど）で入学者を決定すればよいと主張した。このような教育制度であれば、すべての学校の質の向上に親子ともども熱心になるとに期待したのである。

ハーグリーブズとウォルフォードの論争を私なりに端的に意訳すれば、前者は公立校であっても学校間格差を容認するのに対して、後者は学校をできるだけ平等にしておくのがよいという見方ともいえる。このイギリスにおける教育論争を知るにつけ、実は日本も同じ問題で悩んでいることに気がつく。東京都の一部の区で自由選択制を導入したことや、かつて同じ東京都立高校で学校群制度の導入などが関心を呼んだことはすでに述べた。これら日本の問題も結局は学区制と学校間格差に直接関係があるし、選択の自由と平等の問題につながるのである。

教育の機会平等を確保するための三つの手段

教育の機会平等に注目した場合、どのような考え方や政策手段があるのだろうか。刈谷が『教育と平等』のなかで、イギリスの教育社会学者ジュリア・イベッツの「教育の機会の平等」(Evetts, Julia "Equality of Educational Opportunity: the Recent History of a Concept", *British Journal of Sociology*, vol. 21, 1970)がわかりやすい概念と手段を提唱していると紹介しているので、それを述べてみよう。

第一は、子どもの潜在的な能力にかかわらず、どの子どもにも同じだけの教育の資源を提供すべきと提唱する。すなわち一つの標準化された手段で、平等が達成されうるとみなすものである。

第二は、環境的な要因にかかわらず、同じやり方で測定した能力が同じと判断された子どもたちは、すべて同じ扱いをするというものである。例えば、能力別学級編成はこの考え方による手段である。

第三は、同じような教育を提供するのではなく、不平等な環境によって教育的不利益をこうむっている子どもたちのために、むしろ積極的に差別をして特別な教育を行うものである。イベッツによると、例えばアメリカでのヘッド・スタート計画(人種や階層で文化的に恵まれない子どもたちに対して、就学前に教育や医療などの支援を行うこと)などがこれにあたる。

苅谷は、日本では第一のタイプの変形を実行してきたとみなしている。ここでいう標準化とは、全国の公立小・中学校に「普遍性、広範性、一般性」をもった均一教育、ないし画一教育を徹底することであった。そして公立の小・中学校では、個人の能力や成績の差異を露骨に表面化することを避けてきたので、第二や第三で示したような教育の機会平等の概念や手段が入り込む余地はなかったのである。

したがって、能力別、あるいは習熟度別学級という考え方は排除されてきたのである。苅谷によると、日本で画一的な教育方法が採用されてきた有力な根拠の一つに、学級制という最小の単位に大きな意味があるという。一つの学級は固定の生徒と特定の教員によって成立しているので、学力のある子からそうでない子まで、様々な生徒が一つの学級内に存在し、そこでは習熟度別に個々の生徒を教えるのは、不可能であることがよくわかる。

では一学年に複数の学級があるのだから、学力の高い子だけを集めた学級、次の学力水準の子どもを集めた学級、というように能力別・習熟度別に学級を編成して、レベルに応じた教育を行う方策を採用すれば、それぞれの学級の学力は一段と向上すると期待できる。しかしこの方策は、すでに述べたように、日教組を中心とした平等主義の見地から批判が多くなされ、導入されることはなかった。

日本で能力別・習熟度別の学級編成が困難であるなら、子どもの学力を高くするためには、一学級あたりの生徒数を減少させて、一人の教員が担当する生徒数を少なくする方法しか残されていないのではないか。教員の目の行き届く範囲が増大するので、個々の生徒の学力に応じた指導が行いやすくなる可能性はある。生徒が少人数であれば、個々の生徒の長所・短所を一人の教員が把握しやすいというメリットもある。

一学級内の生徒数を縮小する案と、能力別・習熟度別学級編成という案を比較した場合、どちらが教育方法としてより効率的で、かつ生徒の学力向上につながるのか。教育方法論に弱い私が判断するには限界があろう。今後は教育の専門家によって調査・研究されてよい課題といえるだろう。しかしあえて私の見方を述べれば、教育費支出を増大させ、一学級内の生徒数を縮小する案のほうである。なぜなら、能力別・習熟度別の学級編成には、様々な問題が生じると予想されるからである。その一つは、すでに述べたように、レベルが下の学級に位置づけられた子どもや親が劣等感を抱くなどの問題である。私の考えを実行するためには、国家がもっと教育費支出を増大させる必要があるということになる。

能力別・習熟度別学級編成の弊害

いま述べた能力別・習熟度別学級編成の問題について、一つだけわかりやすい例があるのでそれを紹介しておこう。現在、東大やエリート校への大学進学率の高さを誇っている灘高校では、戦前の旧制・灘中学の時代、成績順に毎年学級編成を実行していた。いちばん成績の良い組はA組、二番目はB組、三番目はC組というように、成績の同じレベルの生徒を一つの学級に集めたのである。しかも毎年、学級編成を行っていたのである。旧制・灘中は当時の名門校であった旧制・神戸一中(現・兵庫県立神戸高校)に追いつくために、このような手段をとったのである。

この方法は、先ほど紹介したイベッツの平等策からすれば、第二の方策に相当するといえる。灘校がその後、名門度を上げていったところからすると、このあからさまな能力別学級編成は、一定の成功といえるかもしれない。特に、能力・学力の高い生徒の学力をますます向上させるためには効果があったといえる。しかし旧制・灘中学の卒業生である作家の遠藤周作によると、遠藤本人がそうであったように、最初はいちばん成績の良いA組にいたが、最終的に一番下のD組に入れられた生徒などは、劣等生という烙印を押されたことで、ますます勉強意欲を失ってしまったという（灘校での学級編成に関しては拙著『灘校』参照）。

能力別・習熟度別学級編成がうまく進まない最大の理由は、この遠藤の例に象徴される。他の学友よりも下という判断を明確に下された生徒、あるいはその親は強い劣等感を覚えずにはいられないだろう。そうした劣等感に打ちのめされ、それでも上の学級を目指して努力するような生徒は、ごく一部に限られるのではないだろうか。

もし、最も下のレベルという烙印を押された生徒の自尊心を傷つけることなく、この生徒たちの学力を上げるために少人数学級にしたり、集中的に優秀な教員を投入することができれば、この方法は生徒全員の平均学力向上に有効な策として機能する可能性は考え方としてはありうる。しかし、くり返すが、学力が低いと判定された学級に属する生徒とその親を、いかに納得させることができるかという点に困難がともなうのである。

能力別・習熟度別学級編成には、ここまで述べてきたような成績順にランク付けするほかに、次のような方法もある。一つは、きわめて優秀な一部の生徒だけをA組に集め、他の生徒は平等にB・C・D組に配置する方法である。もう一つは、学力の低い生徒だけをD組に集め、他の生徒は平等にA・B・C組に配置する方法である。前者は優秀者をますます伸ばすことを重視し、後者はいわゆる「立ち遅れ組」をなんとか底上げすることを重視する考え方である。

前者は、例えば高校の段階でスーパー・サイエンス・クラスなどが設けられるなど、すでに一部で導入されている。公立の中学校では、一つの学校のなかでこのような能力別編成は簡単に導入できないが、国立や私立の一部の中学校では、学校全体が前者でいうA組に属しているとみなすこともできる。能力別学級を学校全体で実行していると解釈することも可能である。

後者の、「立ち遅れ組」の学力向上をどう図るかということに関して、日本ではまだ本格的な取り組みがなされていない。ある意味では優秀組をますます伸ばすことよりも、「立ち遅れ組」をどうするかのほうが、重要な課題であろう。

「立ち遅れ組」をどうするかということに関しても、さらに二つの考え方がある。第一は、国語、数学、英語、理科、社会といった、いわゆる基礎科目における学力を、できるだけ高めるように努力する案である。第二は、基礎科目の学力を高めることに注力するよりも、むしろ技能・職業教育を徹底して行い、社会に出てから一人前の働き手になれるような教育を施す案である。この二つの考え方について、次節で論じてみよう。

3 働くことと教育の連携

教育を社会に出て働くための準備期間としてとらえ、どのような教育をすれば働き手として有能になれるか、ということに対して、教育学の側からの反応はやや冷淡である。教育は人間性を高めるためになされるのであり、経済的な手段としてとらえるのは適当ではないというのが主たる理由である。

しかし、ほとんどの人は教育を終えると就労し、生活の糧を得るのである。医者になるには大学の医学部で学んで、医療に関する知識と技術を習得しなければならない。医者ほど直接教育が役立つ場合でなくても、多くの人にとって学校で受けた教育は、大なり小なりその後の職業生活に影響を与える。そこで、そうした側面から教育を考えてみよう(なお「人はなぜ働くのか」というやや大上段の議論に関する最近の文献については、拙編著『働くことの意味』「叢書 働くということ」ミネルヴァ書房、二〇〇九年参照)。

普通科の高校教育から職業生活へ

中卒で職業人になる比率が非常に減少しているので、ここでは高卒者がどういう経路を経て、働く人生を送るかということを考えてみよう。すでにくり返し指摘したように、大学進学率が五〇%を超えている現在、高校を卒業して就職する人の比率は五〇%以下になっている。その意味では、就職組は少数派に属するといってよい。とはいっても、まだ大きな比重を占めていることに変わりはない。

中学を卒業して高校に入学するとき、一つの大きな決定をしなければならない。それは、普通科、職業科、総合学科といった専攻の決定である。現在では圧倒的な比率で普通科が専攻されていることは、すでに紹介した。大多数が普通科に進学するのには、主に次のような理由がある。第一に、できれば大学に進学したいという理由、第二に、高校を卒業してすぐに就職するかを中学校段階では決められないので、とりあえず普通科に進学するというものである。後者は、決定の先送りといってよい。

後者のような理由で普通科に入り、その後、高卒で就職しようとすると、様々な困難に直面することになる。大学進学を目指す高校生にとっては、国語、数学、英語などの基礎科目が最も重要だし、教員も大学進学希望者に対して教育熱心になる。今日、普通科高校の名門度は偏差値の高い大学への進学率で決められるといっても過言ではなく、生徒・教員の関心や努力もそうした方向に注がれる傾向にある。特に進学校では、こうした傾向が顕著である(例えば尾嶋史章編『現代高校生の計量社会学』ミネルヴァ書房、二〇〇一年、および樋田大二郎・岩本秀夫・耳塚寛

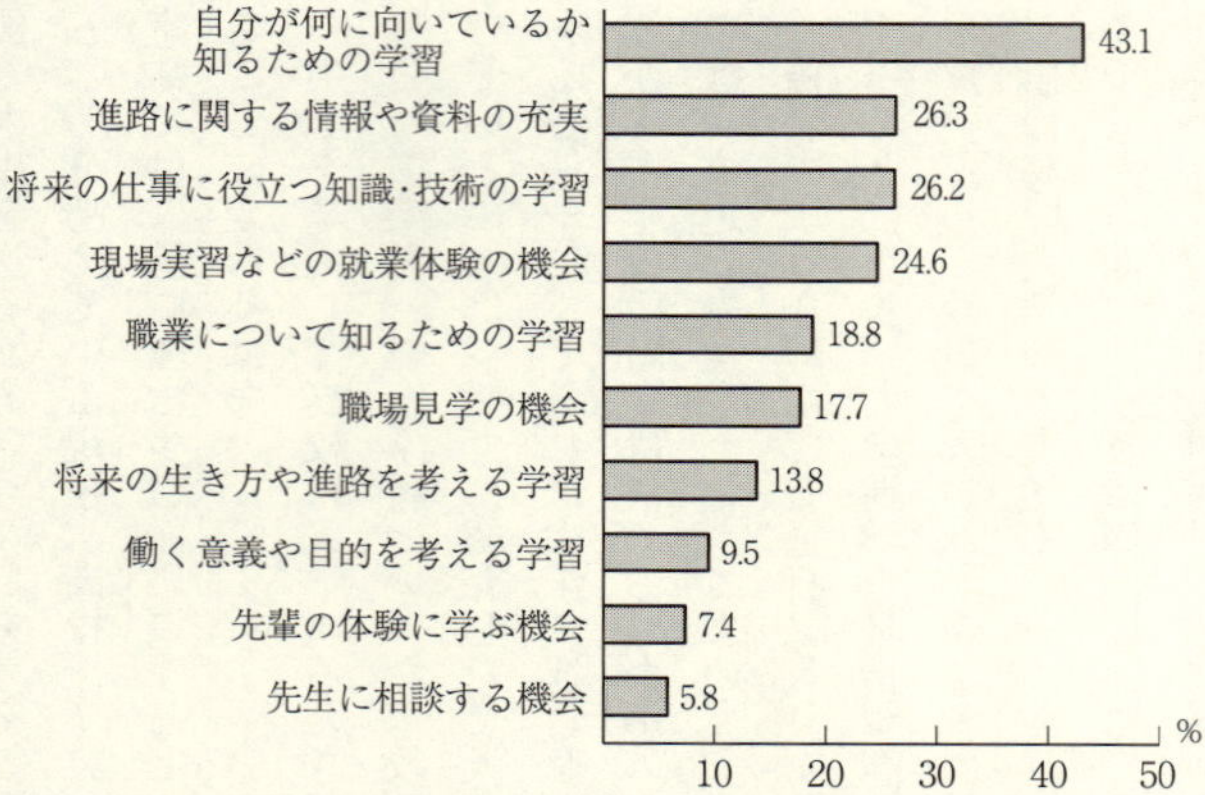

出所：文部科学省「高校生の就職問題に関する検討会議報告」2001年2月，寺田盛紀「普通科高校生の大学への移行・進学課程——職業選択・職業観形成との関連で」寺田編『キャリア形成就職メカニズムの国際比較——日独米中の学校から職業への移行過程』晃洋書房，2004年

図5-1　高校の進路指導への要望

明・苅田剛彦編『高校生文化と進路形成の変容』学事出版、二〇〇〇年参照）。

　このような上位進学校では、就職を希望する生徒がほとんどいないので、就職に関する直接の問題は少ない。ただ、どの大学のどの学部に進学したらよいか、という進路指導の重要さは指摘しておいてよい。医学部なら将来医者になるというのは明らかであるが、最近の大学には無数の学部・学科が設置されているので、高校生に対してどの学部・学科に進学すれば、どのようなことを学べ、卒業してから、どのような職業人になれるのかというガイダンスは重要であろう。図5-1は高校生がどのような進路指導を望んでいるかを示したものである。最も希望が高いのが「自分が何に向いているか知るための学習」であることからも、そうしたガイダンスの重要性がうかがえる。このことは進学校に限らず、すべての高校にとって重要なことである。

ここで問題にする必要があるのは、普通科の中位・下位校である。寺田盛紀は、このような高校においては、職業や進路を学ぶ機会は進路講話ぐらいが与えられているにすぎず、実質的な進路指導は皆無に近いと述べている（「普通科高校生の大学への移行・進学課程――職業選択・職業観形成との関連で」寺田編『キャリア形成・就職メカニズムの国際比較――日独米中の学校から職業への移行過程』晃洋書房、二〇〇四年）。これらの学校でも基礎科目の国語、数学、英語などが重視されているので、働き手としての技能教育はほとんど行われていない。しかも、こういう高校への企業からの求人数は激減している。フリーターになっている高校生の多くは、普通科の下位校で学んだ生徒であったという事実はすでに紹介した。

普通科の中位・下位校で学ぶような生徒、特に下位校に進学するような生徒には、中学生のときに普通科に進学することだけを選択肢とせず、これから述べるような職業科に進学することも視野に入れたガイダンスに力を入れる必要があると考える。

かつては、事務職という仕事も普通科の生徒に開かれていたので、苅谷が『学校・職業・選抜の社会学――高卒就職の日本的メカニズム』（東京大学出版会、一九九一年）で指摘するように高校から就職するメカニズムは安定的に確保されていた。したがって、普通科の生徒が高卒で働くことに、それほど問題は発生しなかった。ところが、現代では事務職は短大卒や大卒に比重を移しており、そうした点でも普通科の高校生の就職が困難になっている。

このような問題をどう考えたらよいか。私は、発想の転換が必要だと考える。すなわち、一つの方法として、普通科の数を削減してでも職業科の数を増加するという案である。

この案を主張するには、次のような理由もある。つまり、高校にほぼ全員が入学する（全入）の時代を迎えており、国語、数学、英語といった基礎科目を学ぶことに意欲をもてない、あるいはこうした勉強についていけない生徒が出てきても不思議ではないからである。ある意味で、職業に直結しないような基礎科目を学ぶよりも、職業科の高校や専門学校で技術や技能を学ぶほうが、高卒で働くことを想定した場合、得策ではないだろうか。そのほうが、職に就きやすくなるし、働き手としても有能になる可能性が高いと考える。

職業科の高校教育から職業生活へ

かつては、商業科、工業科、農業科、情報科といった職業科で学ぶ生徒が高卒で就職することは多かったし、すでにみてきたように、正社員になる比率も高かった。また、就業継続する場合も多かった。しかし、最近になって職業科で学ぶ生徒の比率は低下した。これはひとえに普通科で学んで、大学進学を目指す高校生の数が増加したからである。

職業科を卒業した高校生の就職が良好だった理由の一つに、学校当局が就職の斡旋に大変熱心だったことがある(苅谷『学校・職業・選抜の社会学』)。しかも、先述したように企業と学校が長期にわたる求人・求職関係を密にして、いわゆる一人一社(推薦・受験)主義を忠実に実行させ、学内推薦で決めた一人をその会社に就職させていたのである。学内推薦を決める基準は、生徒の学業成績が最も重視され、次いで出席状況や学内活動度などが加味されていた。企業と学校が新卒採用という点で、長期取引という良好な関係にあったことが大きかったのである。

しかし一九九〇年代になってから、この採用関係が崩れるようになった。企業と学校の関係がそれほど固定的でなくなったことを、寺田が指摘している(「高校職業教育と職業・就業の関連構造」寺田編『キャリア形成・就職メカニズムの国際比較』)。すなわち長期にわたって採用してきた企業以外のところに就職することも多くなったのである。生徒のほうにも、学校以外のチャンネルを用いて、就職先をみつける動きが出てきたのも新しい動きである。

私が日本の高校の職業科教育について驚かされたことは、商業科で三五%前後、工業科で四五%程度の専門教科(商業・簿記、工業・工場実習など)しか学んでいないということである。残りの五五〜六五%は、普通科で学ぶ国語や数学などを学んでいるのである。なぜこのように専門教科の比率が低く、基礎科目の比率が高いのかといえば、日本企業がこれらの新卒者に対して採用後にＯＪＴ（仕事をしながらの企業内訓練）を積極的に施してきたからである。

日本企業、特に大企業は自社の社員に積極的に職業訓練を施すことによって、労働者の生産性を上げて高い技術力を誇っていたのである。実は文科系の大卒者にもＯＪＴで訓練を行っていた。しかし最近になって低成長時代に入ると、企業も資金的な余裕がなくなり、自社の負担でＯＪＴを実施することが減り、むしろＯｆｆ‐ＪＴ（企業外での訓練委託）に依存するようになった。従業員の離職率が高くなったことで、自社の用意する職業訓練のメリットが少なくなってきたことも、企業が中途採用数を増加させたり、Ｏｆｆ‐ＪＴに依存するようになった理由でもある。

このような傾向が続くようだと、高校の職業科での教育においても、これまで以上に専門教科や技術実習の時間を増加させなければならないだろうと予想できる。大学での教育にしても同様である。

大学教育から職業生活へ

大学生が企業で採用される方式も、ここまで述べてきた高校の場合と似ていた。すなわち、これまでは企業が大学に求人し、新卒を一括して採用する方法が伝統的に行われてきた。しかし一方で、大企業を中心にして指定校制度やＯＢ・ＯＧ訪問によるリクルーター制度も主流だったので、大学名がかなり作用したという点では高校の場合と異なっている。高校での就職に関しては、採用にあたって長期的な関係を保つための指定校制度はあったが、それは必ずしも勉強のよくできる優良高校においてではなかった。というのも、有名進学校の生徒はほとんどが大学に進学するからである。したがって、ごく普通の高校のなかでの成績優秀者を優先的に採用するという点に特色があった。

大学生の採用に際しては、高レベルの偏差値の大学の学生がその業界のトップ企業、ないし大企業に多く就職し、中・低レベルの偏差値の大学の学生は少なからぬ割合で大企業に就職できたものの、多くは準大手企業や中小企業に就職したのであった。図5-2はその有様を具体的に示したものである。大学の偏差値の違いによって、どのような企業に就職し

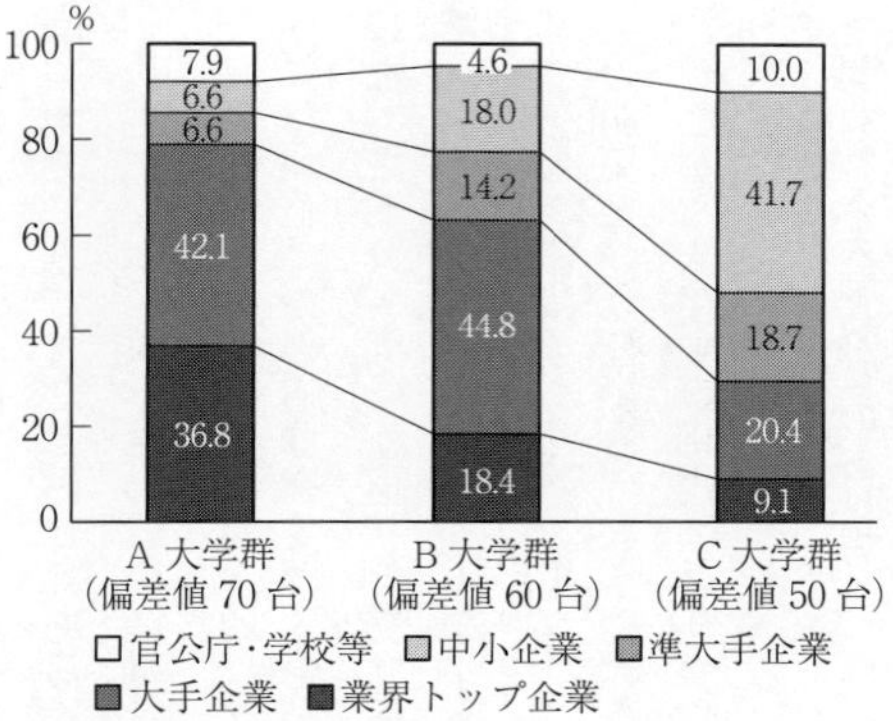

出所：岩内亮一・苅谷剛彦・平沢和司編『大学から職業へⅡ』広島大学教育研究センター，1988 年．伊藤彰浩「大卒者の就職・採用メカニズム」寺田盛紀編『キャリア形成・就職メカニズムの国際比較』晃洋書房，2004 年

図 5–2　大学ランク別内定企業規模

たかがよくわかる図である。この性質が日本を学歴社会に向かわせた大きな理由であったことは、すでにみてきたとおりである。

最近になって大学生の就職活動も変化をみせている。すなわち、インターネットを活用することが求職・採用活動に不可欠となり、学生は「エントリー方式」で企業にアプローチするようになった。この応募を受け、企業はその中から候補者を選んで面接へと進ませる方法が普通になっており、大学が直接斡旋する方式は一般的でなくなった。大学の就職部は、企業へのアプローチの仕方、エントリーシートの書き方、あるいは面接の受け方などに関して、学生に対して就職支援活動を行っている。しかし、大学生の就職状況が厳しくなっているので、新規企業の開拓という仕事も、大学の大きな役割となっている。大学の名声は卒業生をどれだけ就職させたかに依存する時代になりつつあり、大学側も生き残りをかけて必死になってきている。

問われる大学教育のあり方

一八歳人口の五〇％以上が大学生になる時代ともなれば、それにともなって、大学教育も大きく変化する必要がある。大学教育をどうすればよいかということに関しては、大別して二つの基本的な考え方がある。第一に、教養教育を徹底し、かつ学問の奥義をきわめることが大学の存在意義なので、学生の教養・学問を高めることを大学に求める考え方である。第二に、学問も大切であるが、もっと重要なことは大学卒業後に人が有能な職業人として働けるような素地を学生たちに身につけさせることだという考え方である。

教育学を専攻する者に前者が多い傾向があるが、経済学を専攻する者にもそうした考え方を主張する者はいる。代表的なのは、経済学者のなかでも教養人として知られる猪木武徳である。猪木は、大学が古典を中心とした教養教育を徹底する必要性を提唱している(『大学の反省』NTT出版、二〇〇九年)。古今東西の原典を重視した教養教育は、一見日常の生活に役立たないようにみえる。しかし、深い学識に裏づけられた教養は、マニュアルでは不可能な、非定形的な判断のできる人間の育成を促すという信念に基づいた提唱である。

歴史的にみれば、ヨーロッパの大学では専門的な職業人の教育が一つの目的とされてきた。具体的には、聖職者(神学)、医者(医学)、法律家(法学)という社会で必要とされる専門的知識人を生み出すことに目的が置かれてきた。これらの科目は現代の大学でも教育されている。しかし、他の科目も含めて現在では科学研究活動があまりにも偏重されているので、これらの職業教育が軽視されるようになっていると猪木は嘆いている。猪木の説は必ずしも大学は教養教育だけに特化せよと主張しているのではなく、職業教育も教養教育に次いでそれなりに重要だとしているのだと私は解釈する。

第二の考え方、すなわち職業人としての素地をつくるための教育を重視する考え方は、猪木

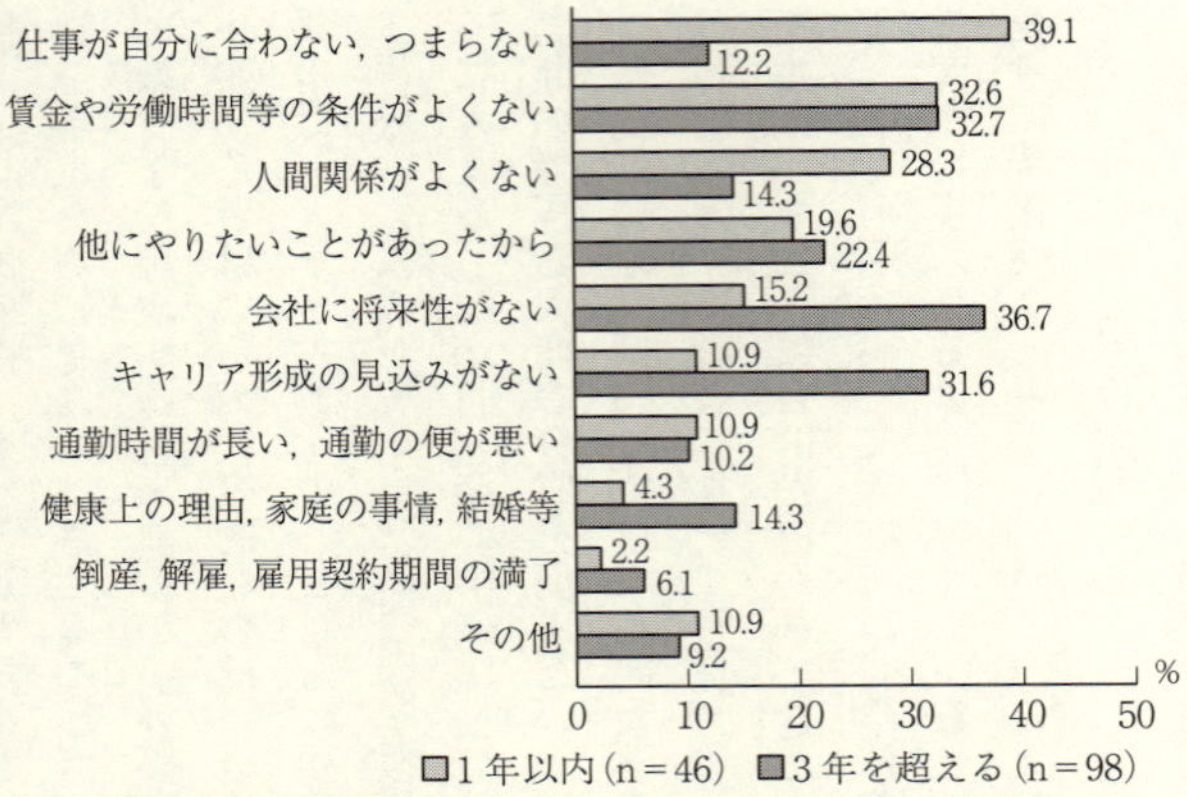

出所：厚生労働省委託「若年者の職業生活に関する実態調査（正社員調査）」2003年

図5-3　入社1年以内・3年を超えてから離職した正社員の離職理由

と同じく経済学専攻の私がとる立場である。教育学（教育社会学）では、本田由紀が少数派ながらこうした考え方をとっている（『若者と仕事――「学校経由の就職」を超えて』東京大学出版会、二〇〇五年、および『教育の職業的意義』ちくま新書、二〇〇九年）。私と同様に本田は、職業教育の重要性を大学のみならず、高校までを含めて考えているといってよい。学校を卒業して働き始めても、仕事が好きになれない、あるいは仕事をうまく遂行できない、人間関係になじめないなどの理由で若者が離職する場合が多い。そのため、うまく学業から就業への移行が進んでいないことを憂慮しているのである。

若者の離職率の高いことは「七・五・三」という言葉で語られる。学校卒業後、就職してから三年間で、中卒は七割、高卒は五割、大卒は三割が離職することを示している。最近の厚生労働省の調査によると二〇〇六年卒業生で、中卒が六七・三％、高卒が四四・四％、大卒が三四・二％となっており、高い離職率は事実である。なぜ離職するのか、その理由をまとめたのが図5-3である。一年以内の離職に関して最も大きな理由は、「仕事が自分に合わない、つまらない」となっている。次いで「賃金や労働時間等の条件がよくない」「人間関係がよくない」と続いている。勤務年数が三年を超えると、「会社に将来性がない」「キャリア形成の見込みがない」などが比重を増している。

大学教育に関しては、本田の『若者と仕事』が興味深いデータを提供している。大学卒業後三年目の若者の意識として、現在の職場において大学で習得した知識がどれほど活用されているかについてたずねたものである。結果は、日本ではほとんど活用されていないというものが多数であった。他の欧米一一カ国のデータと比較しても、日本の大学教育が卒業後の職業生活に生かされていないと評価されている。むしろ日本では「仕事」よりも、「人格の発展」に役立つような教育に価値が置かれているとみなせるのではないかと本田は解釈している。

本田は「教育の意義」を論じるとき、三つの次元があるとしている。すなわち、①知的な発見や創造といった、いわば学問上での意義（「即自的意義」）、②市民や家庭人として社会のなかで生きていくために必要な知識やスキル、あるいは人間社会でのルールを学ぶ意義（「市民的意

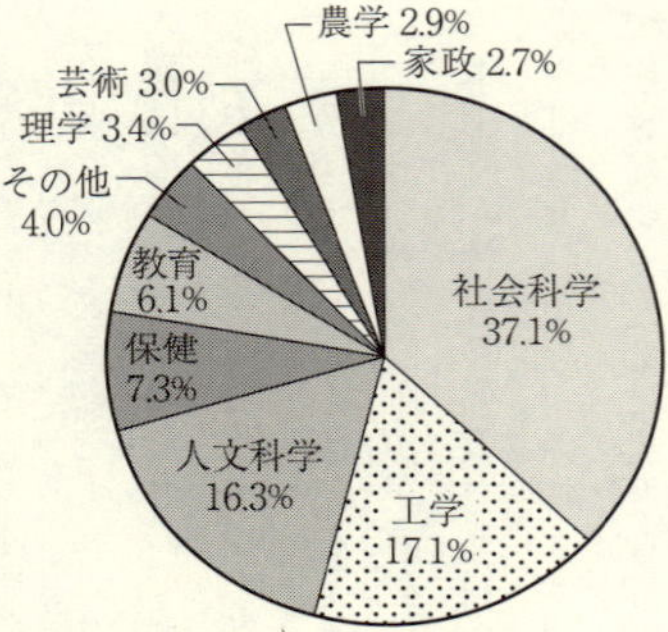

出所：文部科学省「学校基本調査」

図 5-4　大学学部別卒業生とその比率(2008 年)

義」)、③有能な労働者として働くことができるように、職務上の知識、スキル、あるいは働くことの大切さを学ぶ意義(「職業的意義」)である。

本田によると日本の教育界では、③「職業的意義」が特に軽視されていたという。「職業的意義」には、私の判断によると次の二つがある。すなわち、第一に、人は働かなければ食べていけないという意識を生徒・学生が知るようになることと、第二に、実際に働くときに、技能をどれだけ発揮できるかといった、働き手としての職業能力をどれだけ身につけるかということである。

前者に関しては、働く意欲をもてるように、学生時代から勤労の意義を教える必要があると主張することになるし、後者に関しては、大学教育が教養を高めるためだけに存在するのではなく、仕事に就いてからすぐにでも有能な職業生活が送れるようにすることが、大学教育の役割であるとみなす。さらに後者では、猪木はまずは教養教育、次いで職業教育が重要としたが、私の場合には、まずは職業教育、次いで教養教育ということになろう。

なぜ日本で職業教育が疎かになっているとみなせるかは、大学教育での専攻を見れば一目瞭然である。図5-4で示したように、文学部などの人文科学系、法学部、経済学部、商学部などの社会科学系の比率が高く、これらの学生は就職先で、一部例外を除けば、大学で学んだことが直接職務に役立つ程度は低い。英文科で学んで英語の教員になる、法律を学んだ者が司法の世界へ進むといった場合には、これらの学部で学んだことが職業に直接役立つが、他の学科では必ずしもそうではない。しかも図5-2(二一一ページ)でみたように、大卒者の採用基準がその大学の偏差値に依存している企業が多いとなると、大学時代に学んだことは選考の基準にされていないことを意味し、職務に役立つ教育を行っているとはいいがたい。

もっとも、医学、薬学、工学、農学などの理科系では、大学で学んだ技能が就職後の職業生活に生かされる程度は文科系よりも高いので、ここでの主張は割引く必要がある。したがって、大学教育において「職業的意義」を高めるためには、文科系の定員を減少させて、理科系で学ぶ学生の数を増加させるという方策が考えられる。あるいは文科系であっても、企業に就職してからも職務に生かせるように、営業職、人事・総務職、経営管理職、経理職といった業務をうまく遂行できるような科目を中心にした教育を行うべきであるということにもなる。

ただし日本では、企業や官公庁において理科系出身者の処遇が文科系出身者より劣っている傾向にあるという事実がある。ここでは詳しく述べないが、昇進や賃金額において理科系の人は冷遇される傾向にあるのである(詳細については、橘木・松浦『学歴格差の経済学』、橘木・八木

『教育と格差』参照)。理科系の人は就職しやすいが、入社後(あるいは官公庁へ入庁後)、処遇が良くないということが徐々に知られるようになったのか、日本の大学では医学部を除いて理科系への進学希望者が減少しつつある。技術立国を誇ってきた日本にとって好ましくないことなので、企業や官公庁における人事政策の変更に期待したい。

誇りをもって働くために

大学教育に関しては、熊沢誠が時代にふさわしい、かつ大胆な提言を行っている(『働き者たち泣き笑顔——現代日本の労働・教育・経済社会システム』有斐閣、一九九三年、および『若者が働くとき——「使い捨てられ」も「燃えつき」もせず』ミネルヴァ書房、二〇〇六年)。熊沢の提言は私が本書で主張した学歴三極化のうち、二番目の層に属する学生への対策ととらえることができる。偏差値の高い大学あるいは名門大学を卒業した第一の層は、大企業、中央官庁に就職するか、医者、司法などの専門職に就くが、二番目の層の職業は、そうではない場合が多く、中小企業の社員や非専門職の場合が多いのである。こういう、いわば「非エリート」の大卒者は、一流大学や中レベルの大学よりも下位の大学で学んだ人たちに多い。こういう大学で学んだ学生であっても、自らが就いた職業に自信をもっていける展望を与えることが、社会、そして教育界の責務であると熊沢は主張する。

「職業に貴賤はない」などと、ある種の「きれいごと」をいうつもりはない。こういう非エリートの学生が自信をもって働くことができるようにするには、大学においても質の高い職業教育を施して、満足感のある仕事を行えるようにさせることが大切と考える。そしてたとえエリート大学を卒業していなくても、またエリート的な職業ではなくても、人は満足感をもって働くことはできるはずである。その際には、現在進行しているような不安定な非正規労働者としてではなく、正規労働者として働けるようにすることが肝要である。

具体的にどのような人事政策が求められるかといえば、採用時においては一番目の層に採用の有利さはあっても仕方がないが、採用された後の人事政策においては、卒業大学名を消し去るぐらいの姿勢で、すべての社員に平等な機会を与えることが肝心である。

そうした人事政策のもとで働いて、結果として、実力・業績の差が出て、業績の高い人は昇進が早く賃金も高いとしても、人事評価が公平に行われていれば、社内で違和感が出ることは少ないだろう。なぜならば、たとえ実力・業績の低い人であっても、少なくとも機会は与えられたという認識があるので納得できるからである。

しかし、ここで大切なのは、後者の社員に対して著しい冷遇策をとって、それらの人が勤労意欲を失うことのない人事政策の採用である。すなわち、必ずしも高い賃金ではなくても、誇りをもって働くことのできるような賃金は維持すべきであろう。

職業教育の多様化と充実の必要性

高校生の場合には、大学生以上に深刻である。高卒の就職率は低く、無業者の割合が高まっている。しかも、それに加えて、非正規労働者の比率が高く、労働条件の悪い職業に就いている高卒者が多い。こういう人の数をできるだけ少なくすることは、現在の日本において社会的義務と考える。方策としては、すでに指摘したように、高校において普通科の比率を削減して職業科の比率を上げることと、職業科における教育科目のなかで専門教科・技術実習の比率を上げることなどが考えられる。職業科に入学した生徒であっても、高校で学んでいる過程で大学進学を希望するようになったら、商業、工業、農業、情報といった専門科目で大学受験が可能になるような、大学側の配慮が必要である。

かつて製造業が産業の中心を担っていた時代の日本では、「ものづくり」に強い技能労働者の育成が期待された。大企業では当然のこと、一部の中小企業の工場群のなかには、世界に誇る技術を開発して質の高い生産品を送り出し、業績を伸ばした企業があり、そこで優れた技能を発揮した労働者もいた。こういう優れた技能の持ち主を生み出すのは、中卒あるいは高校の工業科を出た人であった。すでに第2章で紹介したように、小学校卒(国民学校卒)の世界的な職人である岡野雅行は、「学歴などはいらない」「学校の勉強だけに頼っていてはダメ」と宣言して、職人として成功する道を説いている(『学校の勉強だけではメシは食えない！』)。また職業能力開発総合大学校名誉教授で、職業訓練の実践、研究をしてきた田中萬年も基本的には「ものづくり」に従事する人の育成を主張して、「ものづくり学習」を奨励し、「ものづくり」の楽しさなどを説いている(『生きること・働くこと・学ぶこと』技術と人間、二〇〇二年)。

私も製造業における優れた技能労働者の育成は今後も重要と考えるが、時代の変化は新しいタイプの労働者を要請している。それはサービス業、医療・介護業、教育界などに従事する労働者のことである。日本の産業構造が製造業からサービス業、あるいは第三次産業に移行しつつあることは皆の知るところである。かつての日本では、製造業において、欧米の先進国に追いつくことを目標とし、比較優位を保持してきた。しかし、現在では中国、韓国をはじめ発展途上国から競争にさらされている。これらの国にある程度、製造業を譲らねばならないのは、世界の産業変化の歴史が語っていることでもある。

そうなると、日本の産業ではサービス業、医療・介護、教育、研究といった業務に従事する人の数を増大せざるをえない。サービス業というのは、飲食、娯楽、販売、流通、住宅、金融、保険、司法といった様々な産業や仕事から成っており、人間生活に直接関連した仕事である。高齢化社会に突入した日本では、医療・介護に従事する人の需要が高くなっているのは確実である。教育、学術、研究の分野も、例えば、高学歴化の現在にあっては学校での教職員の数も増大することが予想される。最先端の技術競争と学問は、たとえ製造業が産業の中心でなくなっても、製造業以外の産業においても知的社会のなかにいる現代では必要な分野である。

ここで述べた一部の職種、すなわち医者、司法関係者、教員・研究者は、大学や大学院での教育を終えてから就く職種なので、これらの職に就くために大学における職業教育が充実せねばならないことは確実である。残りの多くの職種にあっては、高校ないし専門学校での職業教育に期待するところが大きい。

いくつかの代表的な例をあげてみよう。小売・流通業界ではコンビニエンス・ストアやスーパーマーケットなどが主流となっているが、そこの店員、あるいは将来は店長への道に至るまでのキャリアを想定したうえでの職務遂行能力を、学校ないし専門学校で学ぶ価値はある。医療補助業務や介護士においても専門性が要求されるので同様である。

一流の料理人の輩出をめざす高校教育

テレビ番組のなかでとても感心させられたケースがあるので、紹介しておこう。二〇〇九年一〇月放送の「情熱大陸」(毎日放送)において、三重県立相可《おうか》高校の食物調理科で一流の調理人になれるような教育をしている様子が紹介された。高校生レストラン「まごの店」を運営したり、村林新吾教諭の指導よろしく、料理方法、食材の仕入れの仕方、レストランでの客への接し方などを、徹底的に教育する様子が映し出されていた。様々な高校料理コンクールでも優勝し、就職率はレストランを中心にして一〇〇%だという。職業教育の成功した一つの好例であろう。

私がこの番組にもう一つ興味をもった理由は、村林先生の経歴である。村林先生は大阪経済法科大学を卒業しており、おそらく経済学か法学を学んだのであろう。経済・法律を学んで社会科の教員免許をとった可能性もある。しかし、経済や法律では一人前の職業人になれないと思ったのか、調理師専門学校で学び、その後、食物調理科の教員になった経歴の持ち主である。私は大学における文・法・経などの文科系諸学部は、職業人の養成としては不十分であるとすでに述べたが、まさに村林先生の場合はこれに該当する例である。料理学校という専門学校で学んだことのほうが、職業教育としてははるかに価値が高かったのである。

もっとも大学で経済や法律を学んだことが、まったくの無駄であったとはいえない。学問の一端を知りえたので、教養を高めることができたし、社会に対する広い視野などをもつことができたであろう。

現代の高校生・大学生が、学校生活で何を学びたかったのかという希望をみると、職業的な知識・技能などを学びたかったと思っていることがわかる。表5-1によると、「職業に必要な専門的知識・技能、資格・免許」「社会人としてのマナー」「職業の選び方」「各職業の内容」

表 5-1　学校生活を通じて教えてもらいたかったこと（無業者，複数回答）

項目	%
職業に必要な専門的知識・技能，資格・免許	58.8
社会人としてのマナー	43.5
職業の選び方	33.6
各職業の内容	29.9
労働者の権利，雇用保険等職業に必要な基礎的情報	27.5
就職活動のノウハウ	26.4
ハローワークの利用法	20.4
各職業の賃金・労働時間等の勤務条件	17.3
フリーターや無業者のリスク	16.7
学校で教えてもらいたいことは特にない	14.9
読み書きや算数・数学などの基礎学力	11.0
先輩の就職先	6.6
その他	3.8

出所：厚生労働省『労働経済白書』（2005 年版），原資料は UFJ 総合研究所『若年者のキャリア支援に関する実態調査』（厚労省委託，2003 年）

「労働者の権利、雇用保険等職業に必要な基礎的情報」「就職活動のノウハウ」などが上位にランクされている。就職を念頭に置いている生徒・学生にとっては、高校での国語・数学などの基礎科目よりも、そして大学での文学・法学・経済学といった学問よりも、職業に直結した科目を学びたかったし、働くにあたっての予備知識や職の探し方を学びたかったと述べているのである。

生涯教育という考え方

本章の最後に、もう一つ、重要な考え方を追加しておこう。それは、生涯教育という概念である。これまでは主として、就職前に学校においてどういう教育を受けるか、ということを論じてきた。しかし、学校卒業後においても教育の機会をもうけることは、これからの社会にとって重要なことである。

社会に出てから、必要な知識や技術が何かということに気づくこともある。その場合、再度、学校に入り直して、知識や技術を学び直し、自分のキャリア形成に生かすということは、個人にとっても社会にとっても大いに意味のあることである。人によっては、勤めている会社内でのキャリア・アップということもありうるし、転職を目指す場合もあるだろう。

大卒の者であれば、大学院に入学して学ぶ。あるいは、大学に入り直して大学時代に学んだ学問とは別の分野を学ぶ。高卒、短大卒の者は、一定期間働いてから大学に入学する。勤めながらでも、学校に通学しやすいように、夜間や休日の講義の充実といった教育基盤の整備などが必要である。

人間はどの年齢においても学び、自らの能力を高めることが求められる。そのような視点に立てば、このような教育の仕組みは生涯教育と呼べる。もしくは、再教育と呼んでもよい。

生涯教育・再教育のメリットは、教育を受けることで、その人の生産性などの職業能力を高め、それがエンプロイアビリティ(雇用可能性)を高めることにもつながるという点である。そのため、その人にとっては労働条件のより良い仕事に就ける可能性も高まることになる。

もとより、生涯教育・再教育には費用がかかるので、その教育費をどうするかという点は大きな課題である。現在のように、そもそも公的な教育費支出が少なく、個人負担が原則ということでは、例えば、所得の少ない非正規で働く者が生涯教育・再教育を希望しても、そうした教育費を賄うことは無理であろう。ここでも前章で論じたことと同様の問題が発生する。奨学金の充実など、様々な条件整備を行う必要がある。また、学校側もキャリア形成やキャリア・アップに役立つ知識、技能を教えられなければならない。この点は、本章で論じてきたことと同様の課題である。

終章　教育格差をどうするか

教育格差について、多岐にわたる視点から論じてきた。最後の章として、ここまでの議論を振り返りながら、問題の所在を改めて整理してみよう。そのうえで、教育格差をどうするか、その是正策なども考えてみる。

結果の格差と機会の格差

まず、教育格差には二つの論点があることをここで改めて整理しておこう。教育を受けた結果の格差と、教育を受ける際の機会の格差である。

まず、結果の格差を考えてみよう。教育に関する結果の格差は、異なる教育を受けた人の間で社会・経済生活に入った後に、どのような格差を生じるかということである。第1章で、教育あるいは学歴を問題にするときには、三つの性質があることを述べた。

すなわち、①中卒、高卒、短大卒、大卒、大学院卒といった、卒業学校段階に関する違い、②名門校か非名門校か、あるいは高偏差値校かそうでないかといった卒業学校の質やブランド度の違い、③最終学校でどういう専攻科目を学んだのか、すなわち大学であれば医学、工学、法学、経済学といった違い、高校であれば普通科、職業科といった、学部や専攻の違いである。

通常、学歴に関して論じられるのは、①の卒業学校段階の違いについてである。本書では②や③についても、今日の教育格差を論じるための重要な要素として、大きく注目した点に特色があるといえよう。

これら三つの性質による差が、学校卒業後の社会・経済生活を送るときにどのような影響を与えるのか、例えば職業、昇進、所得などへの影響ということに注目して、結果の格差がどうなっているかを分析した。

次に機会の格差についてみてみよう。教育に関する機会の格差とは、教育を受けようとしたときに平等な機会が与えられているかどうかに注目するものである。先述の三つの差による違いが、どのようなことを要因として発生しているのかを検証すれば、教育に関する機会の格差の実態が浮かび上がってくることになる。本書では、親の学歴や職業、所得などの家庭の経済状況、親子の教育に対する姿勢、住んでいる地域によって、学力や学歴などに違いが発生していること、すなわち、機会の平等に関して差が生じていることを論じた。

今日の教育格差を論じる際には、こうした三つの性質があること、それらが結果の格差や機会の格差にどう影響しているかなどを理解してもらえれば、本書の目的は達成されたといえる。

結果の格差をどうみるか

すでに述べたように、学歴に関して論じる際に、一般的に注目されるのは、卒業学校段階の違いに注目した教育格差、すなわち最終学歴段階の差が、その人の賃金や所得にどのような影響を与えるかである。簡単にいえば、中卒、高卒、短大卒、大卒の間で賃金や所得の格差がどうなっているかということである。第1章でみたように、日本ではこの賃金・所得格差は欧米諸国や韓国よりもかなり小さいことがわかった。この意味では、必ずしも日本は強固な学歴社会ではないといえる。

しかし、どのような職業に就くか、あるいは企業でどれくらい昇進できるか、ということを考慮すれば、学歴の影響はかなりあるといえる。ブルーカラーか、ホワイトカラーかということでいえば、当然ながら、学歴の高い人ほどホワイトカラー職に就いている確率が高い。そのため、ホワイトカラー職を得たい人にとっては高い学歴が必要となる。

これに関して、日本の戦後の歴史をたどれば、以前は高卒のかなりの割合がホワイトカラー職に就いていたが、現在では短大卒・大卒で占められていることがわかる。職業に関する学歴効果は時代とともに変化してきたが、今日、その影響は大きいといえる。

企業や官公庁での昇進に注目すれば、中卒よりも高卒、高卒よりも大卒が課長、部長、役員への昇進に有利なことがわかり、ここにも高い学歴のもつメリットが現れている。しかし、先述したように、日本は学歴間の賃金・所得格差が小さい。それは、日本企業では、組織の役職において上に昇進すればかなり高い賃金・所得を得られるが、高学歴者が皆そのように昇進するわけではないからである。すなわち、平均すると学歴間賃金・所得格差が小さいのは、学歴が高くても昇進しない人や昇進の遅い人がかなりいることによる。

今日、日本人の間で、学歴に関して、どの学校を卒業したか、すなわち名門校かどうかという点にも多くの関心が集まっている。この効果に注目すれば、確かに名門大学出身者は企業での昇進、特に上場企業において役員や社長になるのに有利であった。しかし非名門大学卒業者もそれなりに昇進しており、彼らが昇進から排除されているわけではない。日本企業が学歴主義から能力・実績主義に少しずつ変化しつつあることを物語っているともいえる。

低学歴層と不安定な職

もっとも、現代において教育に関する結果の格差は、低学歴者の問題のほうがより深刻である。すなわち中卒や高卒、あるいは高校中退といった人たちがなかなか職をみつけられない場合や、職がみつかっても労働条件が厳しいなどの場合が多いという問題である。低学歴者の場合、パートタイマー、派遣社員、契約社員、フリーターといった非正規労働者という不安定で低賃金の職に就くことが多い。彼らは、今日の格差社会における下層に位置づけられ、時には貧困問題としてみる必要もある。

こうした低学歴者の直面する教育格差（結果の格差）をどうすべきか。大きく二つの性質の打開策が考えられる。第一は、能力や努力する意欲のある人が本人の意思に反して低学歴で終了することがないように、様々な方策を採用することである。第二は、正規労働者と非正規労働者の間の格差を縮小するというものである。わかりやすい例を示せば、正規労働を望む人にはできるだけ、そのような職に就けるようにすることである。第一は教育政策、第二は格差是正策に関するものといえる。どちらも重要な性質の政策であり、官民あげて取り組むべき課題であろう。

普通科と職業科

教育格差を語る場合、通常、高学歴層と低学歴層の二極化について論じられるが、本書では、今日において三極化が進行していることを指摘した。すなわち、①高卒以下の者、②普通の大学や短大を卒業した者、③名門度の高い大学を卒業した者という三極である。それぞれの間に格差が存在していることを分析してきた。

さらに、どのような科目を専攻するかということについても分析をした。高校についてみると、一九七〇年ぐらいまでは、職業科で学ぶ生徒も四〇％程度在籍していた。ところが、現在では普通科が七〇％程度、職業科が二〇％程度となっており、総合学科の五％を普通科に近いと判断すれば、普通科が圧倒的な多数派となっている。

現在、普通科を卒業して高卒として実社会に出た者は、以前ほど恵まれた職業生活を送っておらず、むしろ職業科出身者のほうが職業生活においては充実している傾向にあることも本書で示した。普通科へ偏重していることの問題性を指摘し、もっと職業科へ生徒が入学できるような進路指導などの環境づくり、さらに職業科の充実、活性化の必要性を主張した。

似たようなことは大学でも発生している。日本の大学では文学部、社会学部、法学部、経済学部、商学部、といった人文・社会科学を学ぶ学生が多く、理学、工学、農学、医学、薬学といった理科系で学ぶ学生の数が少ない。卒業後の職業生活との連携ということでは、前者の場合、学んだことが直接的に仕事に役立つという場面は少ない。かつては、そうした学生は企業が受け入れた後、ＯＪＴによる企業内教育を行って、職業人として育てていたが、現在では、企業にはそうした余力がなくなっている。一方、後者のほうは、大学で学んだことが卒業後の職業生活に生かされることが多い。そうした点を考えれば、後者のような分野を学ぶ学生の数を増加させることは考えられてもよい。

しかし、理科系出身者は就職しやすい反面、企業や官公庁での昇進や賃金が文科系修了者よりも恵まれない傾向にある。したがって、彼らをもっと優遇する人事政策などは必要であろう。

もっとも、理科系であっても医学部出身者の場合は、所得が高い場合も多く、職業生活に恵まれている場合も少なくない。ただし、一部の診療科においては医師不足なども指摘され、病院の勤務医を中心に激務などの過酷な労働条件に置かれているといった問題はあるが、ここでは立ち入らない。

機会の格差をどうみるか

高い教育を受けたいと希望したとき、例えば大学に進学したい、あるいは名門の大学に進学したいと希望したとき、誰にでもその機会が与えられているだろうか。本書では、こうした機会の平等についても議論をした。なかでも大学に進学したいという希望が満たされているかどうかに注目した。

その際に鍵を握る変数は、家庭の経済状況である。四〇〜五〇年前の日本であれば平均的に家庭の所得が低かったので、経済的な理由で大学進学をあきらめざるをえないケースも多かった。その後、日本経済が豊かになったことで、平均的な家庭にとっては、経済的な理由で大学進学をあきらめるというケースは減少した。

しかし、いま問題にすべきは、貧困状態に置かれている低所得者の家庭で育った子どもが大学に進学することが困難になっていることである。日本はすでに格差社会に突入し、貧困家庭の増加がみられるだけに大きな問題である。

大学進学を決定する要因としては、親や家庭の経済状況に加えて、次の要因も作用する。すなわち、①本人の生まれつきの能力・学力、②家庭での教育熱心さの程度、③本人の努力する程度、④高校や大学での学費の額、⑤奨学金制度の充実度、⑥学校での教育の質の良し悪し(すなわち名門校かそうでないか)、⑦学校外教育(塾や家庭教師)の役割といったものである。こうした要因が重なり合って、大学に進学するかどうか、そして大学でもどのような大学に進学するのかなどが決定されることになる。

本書ではこれらの諸要因のもつ特性なり効果を、かなり詳しく議論したつもりである。学歴下降回避説、名門度上昇希望仮説、インセンティヴ・ディバイド、文化資本・学力資本といった考え方。大学に進学できても、家計が無理をしていたり、学生の学習・生活環境が劣っていたりする状況。こうした様々な視点から、機会の平等の現状について分析してきた。

機会の格差を確保するため——日本の教育の特質から

いま述べたような視点を踏まえ、機会の平等についてみた場合、日本の教育の特質はどのようなものになるだろうか。その特色をここで整理してみよう。そして、それが日本の教育格差とも密接に関係してくるので、同時に格差是正のための案についても考えてみよう。

第一に、日本では、子どもの教育は主として親や家庭に責任があると考えられてきた。そのことが、義務教育段階を終えた後の高校や、特に大学における高額な学費の負担を容認する背景ともなってきた。高校、大学に進学するのも、子ども本人や親、家庭が自由に決めること。だからその経済負担は、本人や親、家庭が担うべき。こうした考えが生まれることになるわけである。

日本では、国立大学の学費は年額五〇万円を超え、私立大学であればその二倍以上となる。アメリカ以外の国と比較すれば、先進国のなかでは最高の額である。しかもアメリカの場合は学費は高いが、奨学金制度が充実している(もっとも本書でも述べたように、現在では、学資ローンの問題など別の側面が現れてきている)。しかし、日本の場合は、学費が高く、奨学金も充実していないのである。

したがって、日本は、突出して家庭に教育費負担を強いている国といっても過言ではない。そのことは、OECD諸国のなかで公的教育費支出の対GDP比が最低レベルであることによって如実に示されている。日本では教育は私的財とする意識が強く、教育費の負担を家計に押しつけているのである。もっと公費による教育費支出を増やす必要があることは、くり返し主張したつもりである。最近になって民主党政権下で実施された高校の授業料無償化政策は、その第一歩として評価できる。奨学金の充実も望まれるところである。

第二に、第一のことと関係するが、日本では公立校よりも私立校のウェイトが高いという特色がある。もちろん義務教育の場合はそうではないが、高校、特に大学にあっては圧倒的な比率で私立大学が多数となっている。このことは、国の教育費支出を抑える一つの理由になっているのである。本書でも、公立校と私立校の違い、そこに新たな格差が生じていることなどについて詳しく論じた。

もちろん、私は私立大学の意義を否定しているのではなく、独自の建学精神や教育方針は尊重されるべきだと考えている。したがって、あまりにも家計負担に依存している状況においては、国公立大学への支出額と同等とまでは主張しないが、もっと多くの公費(すなわち私学助成金)を私立大学に投入してよいのではないかと判断する。

第三に、高校における一部の私学優勢の特色は、塾や予備校などの学校外教育の役割が大きいことにも反映されている。欧米などの諸外国には塾や予備校などはほとんど存在しておらず、したがって、学校外教育の存在は、日本の特殊な状況にある。

学校外教育をどれだけ受けられるかが、名門高校や名門大学に進学できるかどうかの一つの鍵になっている。学校外教育を受けることができるのは、ある程度、豊かな家庭の子どもに限られる。貧困家庭では無理である。その意味では、教育の機会平等を阻害しているともいえる。

こうした問題に対しては、どのような対策が考えられるだろうか。二つの案がある。

問われる教育の役割と教育格差

第一に、小・中学校、あるいは高校まで含めて、一学級あたりの生徒数を大きく減少させて、少人数教育を徹底させる案である。そのためには、教員の数を増やすことや、優秀な教員を確保するための待遇の改善なども必要である。したがって、ここでも公的教育費支出の増加は不可欠である。

第二に、高校無償化政策を例にとれば、これによって家計負担が軽くなることを意味する。その分を塾などの学校外支出にまわせば、より多くの子ども・生徒が学校外教育を受けることができるようになる可能性はある。すなわち家計への教育費補助などを増加する方策である。

私としては、第一の案のほうがよいと考える。学校外教育が日本的な特色であり、重い家計負担や教育格差を生む背景となっている。したがって、学校外教育にそれほど頼らなくてもすむほうへ向かうのは、第一の案だからである。

思い切って少人数学級にして、学力の高い子も低い子もいま以上に指導の行き届いた教育を学校で受ける。そのことが、それぞれの学力を高めることにもつながるだろう。能力別・習熟度別の学級編成も、もし本人や親に不必要な劣等感を与えることなく、メリットを生かせるのであれば、考えられてもよい案ではある(しかし、そのことが難しいことは指摘した)。

教育は何のためにあるのか、どのような教育方法が望ましいのか、といった課題は教育学の立場から議論されてきた。本書では、そうした先人たちの学説を紹介した。人は教育を受け、その後、社会で働いて所得を稼ぐ。しかも、受けた教育の内容によって就く職業や所得に差が生じる。したがって、教育学の観点からだけではなく、経済学の観点からも、教育の目的や役割を論じることはあってもよいだろう。そのように考えて、本書では、経済学の立場から教育を論じてみた。教育学者と経済学者とは議論がかみ合わない点も多いが、どちらの主張に共鳴するかの判断は読者に委ねることにする。

経済学専攻であることの宿命か、私は学校教育においては、いわゆる学問・教養の習得も大切であるが、仕事を行う際に有用となる技能の習得や、働くことの意義などをもっと学ぶ必要があると考えている。そのための具体的な手段については述べたので、ここでは再述しない。

教育改革の立案に際しては、どのような哲学・倫理思想に共鳴するかも大切である。様々な哲学・倫理思想を紹介したうえで、私の好みはリベラリズムであることを明確に主張した。ロールズ、あるいはローマーの思想に立脚した自由と平等の重視である。この哲学・倫理思想に基づいて日本の教育改革の方向を論じたつもりである。

人が自由に希望する教育を受けたいと望むなら、社会はできるだけそれに応じることのできるような制度づくりと政策を講ずる必要である。そこには生まれながらの能力差や努力の差もからんでくるので、ある程度は教育格差の生じることもやむをえない側面はある。

しかし、人が教育を受けたことにより生じる様々な職業、労働条件、所得などの格差は、有能な人が社会に貢献するという事実に敬意を払いつつも、できるだけそれを大きくしないような体制や政策も必要であると考える。そのことは、最後に確認しておきたい。

参考文献

青沼吉松『日本の経営層――その出身と性格』日本経済新聞社，1965 年
阿部彩『子どもの貧困――日本の不公平を考える』岩波新書，2008 年
荒牧草平「教育達成過程における階層間格差の様態――MT モデルによる階層効果と選抜行動効果の検討」米澤彰純編『教育達成の構造』2005 年 SSM 調査研究会，2008 年
伊藤彰浩「大卒者の就職・採用メカニズム」寺田盛紀編『キャリア形成・就職メカニズムの国際比較――日独米中の学校から職業への移行過程』晃洋書房，2004 年
井上達夫『他者への自由――公共性の哲学としてのリベラリズム』創文社，1999 年
井上達夫『自由論』岩波書店，2008 年
猪木武徳『大学の反省』NTT 出版，2009 年
岡野雅行『学校の勉強だけではメシは食えない！――世界一の職人が教える「世渡り力」「仕事」「成功」の発想』こう書房，2007 年
尾木直樹『新・学歴社会がはじまる――分断される子どもたち』青灯社，2006 年
小塩隆士『教育の経済分析』日本評論社，2002 年
尾嶋史章編『現代高校生の計量社会学』ミネルヴァ書房，2001 年
尾嶋史章「父所得と教育達成」米澤彰純編『教育達成の構造』
片岡栄美「教育達成におけるメリトクラシーの構造と家族の教育戦略」盛山和夫・原純輔監修『学歴社会と機会格差』現代日本社会階層調査研究資料集 3，日本図書センター，2006 年
片瀬一男『夢の行方――高校生の教育・職業アスピレーションの変容』東北大学出版会，2005 年
苅谷剛彦『学校・職業・選抜の社会学――高卒就職の日本的メカニズム』東京大学出版会，1991 年
苅谷剛彦『大衆教育社会のゆくえ――学歴主義と平等神話の戦後史』中公新書，1995 年
苅谷剛彦『階層化日本と教育危機――不平等再生産から意欲格差社会へ』有信堂高文社，2001 年
苅谷剛彦『学力と階層』朝日新聞出版，2008 年
苅谷剛彦『教育と平等――大衆教育社会はいかに生成したか』中公新

書，2009 年
吉川徹『学歴と格差・不平等——成熟する日本型学歴社会』東京大学出版会，2006 年
吉川徹『学歴分断社会』ちくま新書，2009 年
熊沢誠『働き者たち泣き笑顔——現代日本の労働・教育・経済社会システム』有斐閣，1993 年
熊沢誠『若者が働くとき——「使い捨てられ」も「燃えつき」もせず』ミネルヴァ書房，2006 年
小杉礼子・堀有喜衣編『キャリア教育と就業支援——フリーター・ニート対策の国際比較』勁草書房，2006 年
小林雅之「先進各国における奨学金制度と奨学政策」東京大学大学総合教育研究センター編『諸外国における奨学制度に関する調査研究及び奨学金事業の社会的効果に関する調査研究』報告書，2007 年
小林雅之『進学格差——深刻化する教育費負担』ちくま新書，2008 年
小林雅之『大学進学の機会——均等化政策の検証』東京大学出版会，2009 年
近藤博之「高度成長期以降の大学教育機会——家庭の経済状態からみた趨勢」『大阪大学教育学年報』vol. 6，2001 年
佐藤俊樹『不平等社会日本——さよなら総中流』中公新書，2000 年
新堀通也編著『学歴意識に関する調査研究』広島大学，1967 年
竹内洋『学歴貴族の栄光と挫折』中央公論新社，1999 年
橘木俊詔『昇進のしくみ』東洋経済新報社，1997 年
橘木俊詔『日本の経済格差——所得と資産から考える』岩波新書，1998 年
橘木俊詔『脱フリーター社会——大人たちにできること』東洋経済新報社，2004 年
橘木俊詔『格差社会 何が問題なのか』岩波新書，2006 年
橘木俊詔『女女格差』東洋経済新報社，2008 年
橘木俊詔『早稲田と慶応——名門私大の栄光と影』講談社現代新書，2008 年
橘木俊詔『東京大学 エリート養成機関の盛衰』岩波書店，2009 年
橘木俊詔『灘校——なぜ「日本一」であり続けるのか』光文社新書，2010 年
橘木俊詔・連合総合生活開発研究所編『「昇進」の経済学——なにが「出世」を決めるのか』東洋経済新報社，1995 年
橘木俊詔・浦川邦夫『日本の貧困研究』東京大学出版会，2006 年

橘木俊詔・木村匡子『家族の経済学――お金と絆のせめぎあい』NTT出版，2008年
橘木俊詔編著『働くことの意味』「叢書 働くということ」ミネルヴァ書房，2009年
橘木俊詔・松浦司『学歴格差の経済学』勁草書房，2009年
橘木俊詔・八木匡『教育と格差――なぜ人はブランド校を目指すのか』日本評論社，2009年
橘木俊詔・森剛志『新・日本のお金持ち研究――暮らしと教育』日本経済新聞社，2009年
田中萬年『生きること・働くこと・学ぶこと』技術と人間，2002年
堤未果『貧困大国アメリカⅡ』岩波新書，2010年
都村聞人「家計の学校外教育に影響を及ぼす要因の変化」中村高康編『階層社会の中の教育現象』2005年SSM調査研究会，2008年
寺田盛紀「普通科高校生の大学への移行・進学課程――職業選択・職業観形成との関連で」寺田盛紀編『キャリア形成・就職メカニズムの国際比較――日独米中の学校から職業への移行過程』晃洋書房，2004年
寺田盛紀「高校職業教育と職業・就業の関連構造――目標・課程における緩やかな関連と就職関係における密接な関係」寺田盛紀編『キャリア形成・就職メカニズムの国際比較』
中澤渉「戦後高等教育の拡大と高校間格差構造の変容」米澤彰純編『教育達成の構造』
西丸良一「国・私立中学校の学歴達成効果」米澤彰純編『教育達成の構造』
樋田大二郎・岩本秀夫・耳塚寛明・苅田剛彦編『高校生文化と進路形成の変容』学事出版，2000年
広田照幸『格差・秩序不安と教育』世織書房，2007年
広田照幸『ヒューマニティーズ 教育学』岩波書店，2009年
広田照幸「教育改革の構図と今後の諸構想」『全労済協会だより』vol. 32，2009年
福地誠『教育格差絶望社会』洋泉社，2006年
古田和久「教育社会の不平等生成のメカニズムの分析」米澤彰純編『教育達成の構造』
本田由紀『若者と仕事――「学校経由の就職」を超えて』東京大学出版会，2005年
本田由紀『「家庭教育」の隘路――子育てに強迫される母親たち』勁草書房，2008年

参考文献

本田由紀『教育の職業的意義』ちくま新書，2009年
宮寺晃夫『リベラリズムの教育哲学——多様性と選択』勁草書房，2000年
宮寺晃夫『教育の分配論——公正な能力開発とは何か』勁草書房，2006年
盛田昭夫『学歴無用論』文藝春秋，1966年
文部科学省「今後の学校におけるキャリア教育・職業教育の在り方について」報告書，2009年
文部科学省「教育安心社会の実現に関する懇談会」報告書，2009年
安田三郎『社会移動の研究』東京大学出版会，1971年
矢野眞和『教育社会の設計』東京大学出版会，2001年
脇坂明「コース別人事制度と女性労働」中馬宏之・駿河輝和編『雇用慣行の変化と女性労働』東京大学出版会，1997年
Bourdieu, Pierre et Jean-Claude Passeron, *La Reproduction: Éléments pour une théorie du systéme d'enseignement*, Minuit, 1970（ブルデュー，ピエール，ジャン＝クロード・パスロン，宮島喬訳『再生産——教育・社会・文化』藤原書店，1991年）
Bowles, Samuel and Herbert Gintis, *Schooling in Capitalist America —— Educational Reform and the Contradiction of Economic Life*, Basic Books, 1976（ボールズ，サミュエル，ハーバート・ギンタス，宇沢弘文訳『アメリカ資本主義と学校教育』1・2，岩波書店，1986, 87年）
Dworkin, Ronald, *Sovereign Virtue: The Theory and Practice of Equality*, Harvard University Press, 2000（ドゥウォーキン，ロナルド，小林公・大江洋・高橋秀治・高橋文彦訳『平等とは何か』木鐸社，2002年）
Evetts, Julia, "Equality of Educational Opportunity: the Recent History of a Concept", *British Journal of Sociology*, vol. 21, 1970
Rawls, John, *A Theory of Justice*, Oxford University Press, 1971（ロールズ，ジョン，矢島鈞次監訳『正義論』紀伊國屋書店，1979年）
Rawls, John, *Justice as Fairness, a Restatement*, Harvard University Press, 2001（ロールズ，ジョン，田中成明・亀本洋・平井亮輔訳『公正としての正義 再説』岩波書店，2004年）
Roemer, E. John, *Equality of Opportunity*, Harvard University Press, 1998